中国社会科学院创新工程学术出版资助项目

公司治理中的社会关系与董事会独立性

刘诚 著

当代中国出版社
Contemporary China Publishing House

图书在版编目(CIP)数据

公司治理中的社会关系与董事会独立性 / 刘诚著
. -- 北京：当代中国出版社, 2017.3
ISBN 978-7-5154-0770-8

Ⅰ. ①公… Ⅱ. ①刘… Ⅲ. ①公司-企业管理-研究
②公司-董事会-研究 Ⅳ. ①F276.6

中国版本图书馆 CIP 数据核字(2017)第 029118 号

出 版 人	曹宏举
策划编辑	王延新
责任编辑	王延新
特约编审	王振德
责任校对	康 莹
封面设计	信宏博 · 张红运
出版发行	当代中国出版社
地 址	北京市地安门西大街旌勇里 8 号
网 址	http://www.ddzg.net 邮箱：ddzgcbs@sina.com
邮政编码	100009
编 辑 部	(010)66572264 66572154 66572132 66572180
市 场 部	(010)66572281 66572161 66572157 83221785
印 刷	北京润田金辉印刷有限公司
开 本	720 毫米×1020 毫米 1/16
印 张	9.75 印张 2 插页 插图 3 幅 176 千字
版 次	2017 年 3 月第 1 版
印 次	2017 年 3 月第 1 次印刷
定 价	39.00 元

摘 要

董事会的主要职责是代表股东对管理层进行监督和建议，减少公司内部代理成本，是公司治理的中心环节，当前英美国家盛行“董事会中心主义”。而董事会有效性的核心思想便是董事会的独立性。已有研究和各国实际做法，均假定独立董事在人事、财产、人格和业务上可以保持与高管的独立性，因此，提高独立董事比例能够保障董事会职能的有效发挥。然而，为了满足独立董事制度的强制性要求，我国上市公司呈现出了消极合规的现象，表面上聘用独立董事并给予其履职的相应制度安排，实质上没有聘任真正的独立董事，而且独立董事行使权力的相应制度没有有效落实。企业家、专家学者和社会舆情也几乎一边倒地认为，我国独立董事并没有起到改善公司治理的作用。

本书认为，这其中一个潜在的深层次原因是，独立董事与高管往往存在一定的社会关系。这一关系贯穿于公司治理的各个方面，它影响了独立董事（或者说董事会）的独立性和监督建议行为，进而影响了公司绩效和股东保护。进一步的问题是，这一社会关系总是有害的吗？友好董事会理论论证了对 CEO 适度友好的董事会可以提高董事会的建议功能。那么，本书还要分析 CEO - 独立董事社会关系的取舍问题，即何种特征的公司需要这一社会关系。

本书理论模型的第一个观点认为，最优董事会独立性的选择，或者说 CEO - 独立董事社会关系的最优数量受到 CEO 持股比例、董事会建议能力、公司建议需求、CEO 能力等因素的影响。也就是说，CEO - 独立董事社会关系不是越少越好，也不是越多越好，它面临一个权衡。具体而言，CEO 权益性收益越大，或者 CEO 能力越高，或者建议能力越强，再或者建议需求越大，那么越是需要社会关系的存在。然而，这是理论推导的结果，而理论上的最优策略未必是公司治理的现实做法，并且找寻最优董事会构成的多样影响因素不是本书的主旨所在。所以，本书把检验的命题退化为“社会关系如何影响了独立董事的任命”。研究发现，CEO - 独立董事的社会关系会影响独立董事的选择；CEO 倾向于任命与自己有社会关系的独立董事，且 CEO 权力越大该现象越明显；任命这些有社会关系的独立董事并没有增强董事会的建议功能。

本书的第二个核心观点提出，关系的取舍取决于董事会监督和建议功能，它降低了监督而增强了建议。但是在实证检验中，董事的具体行为是不可观测的，必须采用迂回策略。具体地，本书从监督表现的视角，检验社会关系对监督行为的影响；从建议需求的角度出发，检验公司建议需求多少与灰色董事数量之间的相关性，进而判断社会关系对建议行为的影响。实证结果表明，实际独立董事能够有效监督和更换 CEO，而与 CEO 具有社会关系的名义独立董事却对 CEO 起到了“保护伞”的作用；规模大、负债高、成长快的公司需要更多的董事会建议，而这些需求使得灰色董事的增多，间接证明了社会关系可以提高独立董事和董事会的建议功能。

第三个观点指出，社会关系对公司绩效水平的影响是不确定的，但在危机时刻关系可以显著提高公司绩效。这一点通过公司绩效对关系做回归，并根据公司绩效分样本做回归，很容易验证。绝大多数评价董事会、独立董事效果的文献都是使用公司绩效水平值来判断的。本书对此做了重大拓展，进一步检验了关系对公司绩效波动的影响。实证发现，独立董事降低了公司绩效波动，而社会关系的存在阻碍了这一作用的发挥。这一结论是符合经济直觉的，与理论模型的第三个观点也是逻辑一致的。计量结果显示，社会关系对公司绩效影响不显著，而对于公司绩效较差的样本，社会关系可以提高公司绩效；CEO－独立董事社会关系会提高公司绩效波动；董事会实际独立性会显著降低公司绩效波动。

区别于对公司治理研究以公司绩效为唯一标准的文献做法，本书第四个主要观点落脚在中小股东保护问题上。该观点分为两部分，大股东与独立董事社会关系的存在，不能克服第一类代理问题，反而加剧了第二类代理问题。显然，后者是本书研究的一个重点。为了保持本书前后主题一致，这里实证检验了大股东－独立董事社会关系与中小股东保护的影响，并着重探讨了声誉与社会关系的交互影响。经验研究发现，独立董事与大股东的社会关系会促使独立董事被大股东俘获；声誉会降低社会关系对独立董事的俘获程度，声誉足够高时甚至会出现独立董事俘获大股东的现象。

本书认为，独立董事的独立性直接关乎董事会的独立性和董事会的有效性，进而深层次影响了公司治理的各个方面，例如 CEO 报酬和更替、董事监督和建议行为、公司绩效和绩效波动以及中小股东保护。因此，独立董事资格认定、选拔和任命，必须考虑到社会关系的存在，选择社会声望高、责任感强、愿意代表公正、并与大股东没有私人社会关联的专家、学者担任独立董事。至于是否选择与 CEO 有社会关系的独立董事，要根据公司特征自行决定，对于建议需求强烈的公司可以适度选择此类董事。

Abstract

The main function of the board is to supervise and advice for the management on behalf of the shareholders, which could reduce the internal agency costs and also is the central nodes of corporate governance. Nowadays "directors center doctrine" is in vogue in Europe and the United States. The core element of "directors center doctrine" is the independence of the board. The existing research and the practice of all the countries, were assumed to be that an independent director can keep independence with executives in the personnel, property, personality, and business. Therefore, increasing the proportion of independent directors would effectively ensure the functions of the board. However, because of the mandatory requirements of the independent director system, listed companies in China show a kind of passive compliance. The listed companies employ the independent directors on the surface and establish the institution for the independent directors following their duties. But in essence, there is not an appointment of the truly independent directors, as well as the effectively implemented independent directors system. Entrepreneurs, experts, scholars and social public overwhelmingly believe that independent directors in China have not playing a role in improving corporate governance.

This paper considers that there is a potential deep – seated reason for the certain social relation between the independent directors and the CEO. This relationship throughout corporate governance in all aspects affects the independence of the independent directors (or the board) and the behavior of supervision and suggestion. Thereby, it will affect the performance of company and the equity of shareholders. Further question is that these kinds of social relations are always harmful? A theory of friendly board demonstrates that moderate friendly board can improve the function of suggestion. Well, we will also analyze the trade – offs of social relations, which means what kind of companies need social relations.

The first view of the theoretical model in this paper is that the best selection about the independence of board, or rather the optimal number of CEO – director ties will be influenced by the CEO's shareholding ratio, the suggesting capacity of the board, the suggesting demand of the company, the ability of the CEO, etc. That is to say, the social relations between the CEO – independent directors are not as little as possible, or more. They need a trade – off. Specifically, the greater CEO's returns on equity, or the better capacity of CEO, or the stronger ability of recommendation, or the greater demand of the suggestion, the more we need such kind of social relations. However, this is just the conclusion in theory. The theoretically optimal strategy is not necessarily the real practice of corporate governance practices. In addition, the purpose of this paper is not finding the various impacting factors about the optimal composition of the board. Therefore, the topic we are going to prove in this paper degrades into 'how social relationships influence the appointment of independent directors'. The research found that the relationships between CEO and the independent directors would affect the selection of the independent directors; CEO tends to appoint the independent directors with ties, which is more obvious while the CEO is more powerful; the appointment of the independent directors with ties would not enhance the function of the board's suggestion.

The second point shows that the trade – off about the relationships needs the ability of the board's supervision and the suggestion. It reduces the supervision when enhancing the recommendation. However, in empirical test, the specific behaviors of the directors can not be observed. We need using circuitous strategy. Specifically, from the perspective of supervising performance (the sensitivity of performance with CEO's turnover), this paper try to test the impact of the social relations to the supervision behaviors. From the perspective of demand of suggestion, this article will find the relevance between the demand of recommendation and the number of nominal independent directors who has social links with the CEO, and then judge the influence of the social relations to the behavior of suggestion. The practical result proves that real independent directors can effectively supervise and dismiss the CEO. However, this paper finds that nominal independent directors who have social links with the CEO, play the role of " umbrella" of the CEO. Companies in large scale, high debt, rapid growth need more board's suggestion, which may increase the number of nominal independent directors with links. This indirectly proves that social relations can improve the function of suggestion of the independent directors and the board.

The third point is that the impact of social relations to firm performance is uncertain, but in times of crisis the relations can significantly improve the company's performance. It is easy to be verified by regression analysis between the performance and the relations using the samples. The vast majority of evaluations of the effects of the board and the independent directors, are using the level of corporate performance value to judge. It is a significant expansion about testing the impact of relations to the fluctuations of company performance further. In empirical study, independent directors reduce the fluctuations in performance which the existence of social relations hinder this role play. This conclusion is consistent with economic intuition, as well as the third view in theoretical model logically. The measurement results show that social relations do not affect the company's performance, and for the samples in poor performance the social relations can enhance the company's performance; CEO – independent directors ties will improve fluctuations in company's performance; the actual independence of the board will significantly reduce the fluctuations.

The fourth main point of this article is about the protection of minority shareholders, distinguishing from the theoretical research which use the performance as the only criterion in the research on corporate governance. This view is divided into two parts. Because of the social relations between the strong shock holders and the independent directors, the first agency problem can not be overcome, instead of aggravating the second agency problem. Obviously, the latter is the focus. In order to maintain the themes of contextual article consistently, this paper makes an empirical test of the impact of the major shareholders-independent directors social relations and the protection of minority shareholders; and focuses on the interaction of reputation and social relations. According to the research, the independent directors – major shareholders ties will lead to independent directors being captured by the major shareholders; reputation will reduce the controlment from social relations to the independent directors. Even independent directors can control the big shareholders when reputation is high enough.

This paper argues that the independence of the independent directors is directly related to the independence and the effectiveness of the board, and then the profound influencing the various aspects of corporate governance, such as the performance and the compensation of the CEO, the supervision and the suggestions by the board, fluctuations in performance, company performance and the protection of minority shareholders. Therefore, social relations should be considered in the identification, selection and appointment of independent directors' qualifications. Selected independent directors must be experts in high social prestige, with strong sense of responsibility, on behalf of justice and without private connection to the big shareholders. As whether to select the independent directors having ties with CEO or not, it depends on the firm's feature. Companies with strong demand of suggestion can choose such directors appropriately.

Keywords: Social Relations; Independent Directors; Independence of the Board; Corporate Governance

目 录

第七章　公司绩效 / 079

第八章　中小股东保护 / 095

第一章　导论

1.1　选题背景

董事会是公司最重要的决策和管理机构，也是公司最重要的内部控制机制，公司的各项事务业务均在董事会的领导下进行。董事会的存在是为了弥补股权分散产生的监督缺位问题①，即防止因股东搭便车导致的监督缺位。因此，董事会的目标就是为了保护全体股东权益②。董事会由股东授权，主要负责选择经理（特别是 CEO）、监督经理，并就公司资产处置和利益分配等重大事项进行决策。目前除中国之外大多数国家和地区都在成文法中明确表述，董事会是公司权力的最高行使者，股东和董事会两权分离，股东不能越过董事会直接做出决策（邓峰，2011），董事会对股东负有信托责任。董事会拥有对抗股东会的权力，可以独立行使权力而不受股东会干预，例如美国证券交易委员会的 14a－8 条款规定，股东大会的提案表决对董事会不具有强制约束力，如今现实中采纳这一条款的欧美公司越来越多（Levit and Malenko，2011）。

董事会独立性是保证其行使职责的必要条件。然而，管理层对董事会及其成

---

① 随着股权的分散，管理者减少了对所有者的依赖，使管理者的权力上升了，其结果是管理者能够在某些限度内追求自己的私利，导致企业价值偏离所有者权益最大化目标（Jensen and Meckling，1976）。Fama and Jensen（1983）也认为，当决策经营者不是主要的剩余索取者时，决策经营者就有可能偏离剩余索取者的利益。

② Bainbridge（2006）认为董事会代表公司充当中心签约人的职能，股东本位仅是对公司目标的要求而不能当成是一种实现方式，因为股东参与公司管理的意愿和能力都是不确定的。

员往往具有较强的影响力，甚至可以在一定程度上决定董事的选举（Dallas，1996；Hermalin and Weisbach，1998；Arthur，2001；Fracassi and Tate，2012），例如 Hermalin and Weisbach（1998）通过理论模型证明 CEO 与董事会的谈判决定了董事会的构成和独立性，以及董事会的监督强度，Arthur（2001）对该结论进行了实证检验。因此，对于董事会独立性的量化，成为考量董事会效率的重要前提，也是公司治理的理论难点（Adams 等，2010）。在实证研究中，现有文献普遍采用独立董事占董事会的比例来衡量董事会的独立性①，其逻辑假设是：由于独立董事在法律上必须满足与公司和高管在金钱及家族上的独立性②，且他们大都是社会兼职和领取固定报酬的，使得他们在财务和人事等方面不依附于管理层，因此他们可以保持独立性。

事实上，独立董事制度是各国政府对董事会结构和运作机制做出的最主要的强制性规范。随着 2002 年美国安然事件曝光和 2008 年金融危机爆发，世界各国监管机构都在试图加强董事会的独立性，寄望通过提高董事会的独立性来强化公司治理水平，保护中小投资者的利益。世界各国金融政策部门相继通过立法提高独立董事比重，例如中国 2001 年发布了《关于在上市公司建立独立董事制度的指导意见》（以下简称《指导意见》），美国 2002 年颁布了《萨班斯法案》。理论文献和现实法规都将独立董事看作是董事会独立性的体现，是董事会监督和建议行为的主要实践者，是公司治理结构的重要环节，因而本书对董事会的研究也集中在独立董事上，而很少考虑内部董事的问题。

独立董事制度于 2001 年引入国内上市公司，其初衷一方面是为了进一步完善上市公司治理结构，监督管理层履行信托责任，促进上市公司规范运作，另一方面也有保护广大中小投资者利益之意。独立董事是独立于公司股东且不在公司内部任职，并与公司或公司经营管理者没有重要的业务联系或专业联系，并对公司事务做出独立判断的董事。独立董事一般具备较强的专业素质和能力，能够凭自己的专业知识和经验，对公司的有关问题独立地做出判断和发表有价值的意见。但现有观点普遍认为，纵观我国独立董事制度执行 12 年的情况，我国独立董事制度流于形式，我国独立董事一直都扮演着“花瓶”的角色，集体失语，并没有为上市公司治理结构的优化，以及上市公司绩效、中小股东利益保护起到积极作

---

① 当然，也有少数文献使用其他方式来刻画董事会独立性，例如 Shivdasani and Yermack（1999）、O'Regan and Oster（2009）使用管理层对董事会的提名和选举权来判断董事会独立性的大小。

② 我国 2001 年发布的《关于在上市公司建立独立董事制度的指导意见》中对独立董事的定义为：上市公司独立董事是指不在公司担任除董事外的其他职务，并与其所受聘的上市公司及其主要股东不存在可能妨碍其进行独立客观判断的关系的董事。

用。2012 年，中国燃气，三名独立董事与他们的提名者、公司大股东、前总经理合谋攫取公司利益，发生了天价独立董事寻租的丑闻，再次引起社会的关注，以及对独立董事和董事会制度的反思。那么，我国独立董事真的只是“花瓶”吗？推行独立董事制度，是合乎经典理论逻辑的，也是世界范围内的普遍的现实做法，为什么没有得到应有的预期的效果呢？

此外，社会关系是中国社会文化的重要特征（Wellman 等，2002），经济学对这一关系研究的不足，反映出一种“语境”的缺失。社会关系在经济分析中被淡化、被淹没、被遗忘，究其原因，并不只是关系的量化具有一定难度，而恰恰是因为关系在乡土中国的司空见惯和习以为常。合乎法律规定的独立董事也许与公司管理层具有密切的社会关系，而经济行为嵌入于社会关系中（Polanyi，1944；Granovetter，1985），这种关系会对个体的思想和行为产生影响（Hirshleifer and Teoh，2008），成员之间具有友好社会关系或相似社会背景，更容易对模棱两可的问题达成一致（Dallas，1996），这些社会关系会使得独立董事难以保持客观独立（Hwang and Kim，2009；Stevenson and Radin，2009；Nguyen，2011；Fracassi and Tate，2012）。那么，我国礼治秩序和人情社会特征对董事个人行为和企业绩效有何影响呢？又如何认识董事会独立性和独立董事的作用？以及如何改善和优化我国独立董事制度呢？因此，本书研究落脚点是独立董事与高管的社会关系[①]，进而洞察董事会的独立性，并深入分析社会关系和独立性对公司治理各方面的影响。试图回答这三个问题，以期推动董事会的学术研究，并为公司治理的相关政策提供准确的参考依据。

1.2 研究意义

本书选题具有重要的理论意义和现实意义。董事会是连接股东和管理层的纽带，是公司治理的重要组成部分。董事会独立性是董事会顺畅行使权力的保障，而独立董事是董事会独立的保障。所以，通过研究独立董事来探究董事会独立性，进而分析他们对公司治理的各方面影响是极为必要的。当然，此类文献已经较多，本书研究的意义似乎不很明显。然而，本书更重要的意义恰在于从社会关系的角度进行了重新解读，并对现有文献的争议以及理论和现实的矛盾进行了回答。

---

① 具体是指 CEO－独立董事社会关系。此外，本书也分析了独立董事和大股东之间的社会关系。书中，如不做特别说明，社会关系专指前者。

在理论上，本书意义主要有三点：

第一，对董事会独立性有新的认识和测度。董事会独立性的衡量和选择是困难的，现有资料大都简单地从独立董事占董事会的比例来衡量，而且现行法规对独立董事的资格认定也只限于排除亲属和与公司具有直接利益关系的人士。本书认为独立董事与高管的社会关系会严重阻碍其客观独立性，并把此类董事称为灰色董事，他们是名义独立而实际不独立的。所以，本书对董事会独立性的测度方法，不拘泥于现有资料和法律规定，考虑了社会关系因素，先从独立董事中识别和剥离与公司 CEO 具有社会关系的灰色董事，再看非灰色董事的占比。为了保持可比性和突出本书的研究，在实证分析中也使用了已有资料的测度方式。

第二，在经济分析中纳入了社会因素。吸收了社会学关于社会嵌入性的思想，并从关系契约角度论证了当事人将关系和情感融入决策，会导致行为出现非理性、社会性和利他性的偏离。理论模型简要证明了独立董事倾向于在监督行为中偏袒高管，并在建议行为中主动提供更多建议。实证分析对此进行了验证，并进一步检验了社会因素对公司绩效和股东保护的影响。一定程度上揭示了当事人真实的行为动机，以及行为背后所隐含的真实心理过程和心智力约束。

第三，对当前的争议问题做了回答。目前对独立董事是否改善公司治理以及董事会监督和建议功能的取舍具有争议。本书认为争议的一个重要原因是对董事会独立性认识有偏差，对董事同质行为的假定不合理。以往董事会研究都从董事会结构（董事会规模和内外部董事比例）入手，分析董事会对公司治理和公司绩效的功用，虽然研究内容丰富翔实，但达成的一致结论非常少（Hermalin and Weisbach，2003；Adams 等，2010），其中一个重要原因就是社会关系的存在使得结构与行为不是一一对应的，因而相同的董事会结构可能有不同的公司绩效。本书分析了从董事会结构视角所忽视的一个重要行为基础——社会关系，通过社会关系来区分实际和名义独立性，并从社会嵌入性分析独立董事的异质行为，从董事任命、董事行为到公司绩效和股东保护，全方位阐释了社会关系对公司治理的影响，为争议问题提供了一个有效的解决途径。

本书也具有重要的现实意义，主要体现在以下两点：

第一，完善独立董事制度和提高公司治理水平。独立董事不仅可以对经理层的合法经营、尽心尽责予以关注，而且能够对其他董事和大股东，尤其是控股股东的行为效果进行监控，可以有效地降低公司代理成本。因此，培育良好的公司治理机制，对于促进我国资本市场的良性发展起到不可替代的作用。然而，学术界仍然没有得出董事会独立性会提高公司绩效的理论和经验证据（Hermalin and Weisbach，1991，2003；Bhagat and Black，2001；Drakos and Bekiris，2010）。我国学者也大都认为我国独立董事对公司治理没有明显作用，独立董事是“花瓶”的说法非常盛行。然而，与其否定独立董事的积极作用，我们更应该寻求改进和完善独立董事制度的办法。本书强调了独立董事制度实施中的社会因素，对董事会独立性和独立董事的作用进行了重新认识和评估，不仅证实了独立董事的正向作用，也对独立董事制度的实施提出了具体的改进措施。完善董事会建设对提高中国上市公司的治理水平具有重要意义。

第二，测度了董事会内部社会关系的多寡、对行为人决策影响程度以及对组织绩效的作用效果，对理解我国人情社会的企业、政府、非营利组织等组织结构都有重要参考价值。经济学家、社会学家甚至社会大众更多关注社会中人与人之间的经济关系，及在其基础上的社会生活，本书则专注于经济人之间的社会关系及在其基础上的经济行为，认为不仅经济关系会异化社会生活，社会关系也能够扭曲经济行为。独立董事和公司高管构成的这一群体，是研究社会关系对个人和组织影响的良好样本。独立董事合规性的要求排除了家族、正式权力、直接经济利益等其他噪音因素，而且，独立董事和高管的个人简历、具体行为、公司财务绩效和股东保护等数据可得性相对较好。为理论分析和实证检验关系在现实社会中的作用机制和影响程度，提供了较为可控和可行的研究环境。本书还比较了社会关系与政治关联、董事个人能力、董事声誉等因素对董事行为和公司绩效的影响程度大小。

1.3　研究内容与思路

本书对公司治理的研究以独立董事和董事会独立性为中心，通过本书第二章综述和理论模型阐释社会关系对董事会独立性和独立董事行为的影响，然后依次实证分析董事会选举、董事行为、公司绩效以及中小股东的保护等问题。基本思路如下图所示：

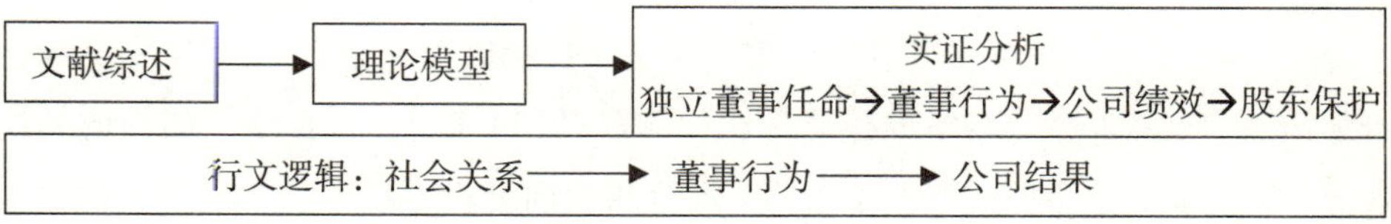

图 1－1　研究思路示意图

董事会的主要职责是代表股东对管理层进行监督和建议，减少公司内部代理成本（Adams and Ferreira，2007；杨其静和杨继东，2008）。已有研究和各国实际做法，都假定独立董事可以保持与高管的独立性，因此提高独立董事比例能够有效保障董事会职能的发挥。然而，这一逻辑假设是不成立的，它没有考虑其中的社会因素，忽视了公司高层决策制定的社会过程①（Stevenson and Radin，2009），例如 Westphal and Khanna（2003）实证发现，董事没有很好的行使职责，正是公司决策的社会过程所致，公司高管会疏远行使监督职责而损害其私利的董事，这种“社会距离”的手段迫使董事们较少的去监督高管。

本书研究的基本逻辑就是：社会关系可以影响董事会独立性和董事行为，进而影响公司治理的各方面，并最终体现在公司绩效和股东保护上。本书首先梳理了代理理论、友好董事会理论、灰色董事理论的文献，并从社会嵌入性和关系契约的角度，探寻社会关系影响行为的理论基础。进而构建理论模型，并进行了详尽论证，得出了一系列命题和研究假说，然后一一做了检验。

理论模型的构造以董事会监督和建议功能为逻辑起点，探讨社会关系如何影响行为人的偏好和信息处理，进而表现在董事的监督和建议行为上。构建了一个股东、董事会和 CEO 之间的三阶段博弈。研究发现：1）最优董事会独立性的选择受到 CEO 持股比例、董事会建议能力、公司建议需求、CEO 能力等因素的影响；2）关系的取舍需要董事会监督和建议功能，它降低了监督而增强了建议；3）董事与 CEO 的社会关系不一定必然带来 CEO 如实报告信息，即社会关系对公司绩效的影响是不确定的。事前激励和公司治理设计已经结束，公司投资决策已经做出而且确实遇到了危机冲击之时，社会关系带来的宽容会促使 CEO 汇报信息，进而改善公司绩效，即危机时刻关系会提升公司绩效；4）大股东与独立董事社会关系的存在，不仅不能克服第一类代理问题，反而加剧了第二类代理问题，损害了中小股东利益。

本书使用 2006—2011 年中小板企业数据，对理论模型的主要观点进行了一一验证。独立董事和 CEO 的个人简历信息通过公司年报、国泰安数据库和百度百科手工搜集，其他数据来自国泰安和公司年报。Hermalin and Weisbach（2003）、Adams 等（2010）的综述文章认为，董事会研究以经验分析为主，并且主要围绕以下三个问题：1）影响董事会的组建和董事选拔的因素是什么？2）董事会的特征影响董事会中某些可观察的行动（比如解雇 CEO）吗？3）董事会的构成和规模等特征与企业绩效相关吗？本书的实证分析全面分析了以上三个问题，检验了董事会的独立性对独立董事任命、独立董事监督和建议行为、公司绩效、中小股

① 是指董事会会议之外的私人沟通和互动，例如通过闲聊、电话、邮件等方式来直接交流，或者因私人感情或情绪感染而产生间接影响。

东保护等公司治理各方面的影响。董事会独立性的衡量，一是使用目前的一般做法——独立董事占董事会的比例，二是考虑了社会关系的影响，通过老乡、校友、共同工作经历，这三个指标来衡量独立董事和CEO的社会关系，进而使用扣除灰色董事后的独立董事所占董事会比例来量化董事会的独立性。

关于社会关系是否影响了独立董事的任命这一问题，由于现实中只能观察到被任命的独立董事，观测不到被拒绝的潜在独立董事候选人，本书将样本限于任职期满的独立董事，检验他们被再次任命（连任）的影响因素。关于董事会的监督和建议行为，本书实证检验了董事会独立性与监督的表现和建议的需求（公司规模、复杂性、成长性）的关系。关于社会关系、董事会独立性的功用（或者说独立董事的效果），本书从公司绩效水平值、公司绩效波动、中小股东保护等方面进行了计量检验。本书还发现董事会独立性的选择面临对监督和建议功能的权衡取舍，并通过独立董事的监督和建议行为及其绩效结果来评价董事会独立性的最优选择。

本书不仅论证了社会关系在董事会和公司治理中的各种作用机理和影响程度，而且，从另一方面来讲，本书还证实了独立董事的作用。第一，考虑到CEO－独立董事社会关系，真正独立的独立董事对公司绩效和中小股东保护是有正面作用的；第二，即便不考虑灰色董事问题，独立董事虽然对公司绩效水平值没有显著影响，但是它降低了公司绩效波动，也即独立董事可以降低公司风险。而且，灰色董事利于董事会建议功能的发挥。因此，对独立董事进行了正名，同时对独立董事的选聘制度提出了要求，应该严控CEO－独立董事社会关系在独立董事任命中的作用，但是对于建议需求较大的公司也可以适度引入灰色董事。总之，本书研究了社会关系如何导致了我国独立董事制度在实施中发生了扭曲，阐释了关系对独立董事任命和行为的影响，比较了社会关系对独立董事在公司绩效和中小股东保护方面起到的正负作用，对于资本市场监管、中小股东保护以及公司治理的政策决策的制定，具有一定的启示意义。

1.4 研究创新与局限

本书的创新主要体现在如下几个方面：

第一，分析了社会关系对独立董事独立性的影响，在理论上加深了对于董事会独立性的认识，在现实中提出了对于独立董事选聘制度的一些要求。

第二，与本书最相近的一类文献是灰色董事理论，与这类文献相比，本书的不同在于：1）本书分析了董事会结构视角所忽视的一个重要行为基础——社会关系，从董事任命、董事行为到公司绩效和股东保护，全方面阐释了社会关系对公司治理的影响，尤其是对董事会独立性的影响；2）本书进一步综合了代理理论和友好董事会理论的成果，检验了董事会的监督和建议功能，给出了社会关系对董事行为的扭曲性，以及对公司利弊的体现；3）对独立董事的评估，不仅考虑了公司绩效水平值，也考虑了绩效波动，不仅考虑了公司绩效，而且考虑了对中小股东的保护，最终证实了我国独立董事不是花瓶，它对董事会独立性和公司表现具有正向作用；4）实证分析中，第一次使用了中国数据，并且在识别社会关系时，考虑中国国情引入了老乡这一因素；5）不仅研究了独立董事与 CEO 的关系，而且分析和检验了独立董事与大股东的关系。

第三，与之前的大量研究认为，我国独立董事是“花瓶”不同，本书证实了我国独立董事具有降低公司绩效波动、保护中小股东的作用，而且在扣除灰色董事的影响后，独立董事对公司绩效和中小股东保护的作用更加显著。

第四，不仅证实了社会关系对董事会独立性和公司治理的负面影响，也证实在公司较为复杂和成长性较快等条件下，灰色董事因为可以更好地发挥建议功能而对公司价值有正面影响。

本书的局限主要表现在两个方面：第一，行为具有不可观测性，董事行为的实证测度有待优化提升。对于董事行为从监督和建议两方面来考察，监督行为从监督结果来测度，如 CEO 更替业绩敏感性，而建议行为则从建议的需求来测度，如规模大和结构复杂的公司可能需要更多的董事会建议。对两者的测度都是间接的，更为规范和科学的做法应该使用问卷采访、计算机实验模拟或田野实验等方法。第二，理论模型对关系的作用原理论述不够。社会关系影响行为人的偏好和效用函数，进而影响行为人的具体行为和集体决策的结果。虽然做出了评述，并使用理论模型做了论证，然而董事会是合议制的组织，本书没有给出个体社会关系对群体决策机制和结果的作用原理。而且，社会关系的作用应该是双向的。一方面独立董事被高管“绑架”，另一方面灰色关系也可能使得 CEO 为了独立董事的声誉而主动追求股东利益。而对于理论模型没有对后者进行模型化，只在股东保护一章的计量分析中做了实证检验。

1.5 本书结构安排

全书共分十章。结构安排如下：第一章是导论，介绍选题的背景，选题的理论意义和现实意义，研究内容和研究思路。第二章对已有研究的文献进行回顾。第三章是理论模型，论证社会关系对董事会独立性和公司治理的作用机制，并得出命题和研究假说。第四章是实证设计，介绍样本选择、社会关系和董事会独立性的测度。第五章分析独立董事任命，检验社会关系对独立任命的影响。第六章讨论了董事会独立性与董事会的行为，验证社会关系对独立董事监督和建议行为的不同作用。第七章评价公司绩效结果，分别从公司绩效水平值和波动值两个方面进行了考察。第八章分析股东保护结果，检验社会关系、董事会独立性对中小股东保护的改善作用。第九章是董事会社会关系、合谋及其对管理层的监管。第十章是结论与政策建议。

第二章　董事会与公司治理有关文献综述

董事会在公司治理中的地位和功能，它对公司绩效的作用如何，是企业管理理论研究的核心内容之一。董事会的研究，尤其是对董事会独立性和独立董事的研究，产出了大量有价值的研究成果。根据研究的发展阶段和理论侧重不同，可以分为代理理论、友好董事会理论和灰色董事理论三种。发展最早的代理理论，认为股东和管理层之间存在冲突，它强调董事会尤其是外部董事①的监督功能。Adams and Feirrera（2007）认识到董事会的监督不是越强越好，董事会还有另一个重要职能——建议功能，提出了友好董事会假说。最近的文献开始认识到并模型化和数量化董事会成员的社会关系，尤其是 CEO－独立董事的社会关系，认为这种灰色关系的存在，使得独立董事名义独立实际不独立现象，降低了董事会的独立性，而且这种社会关系对 CEO 和独立董事的行为决策产生了微妙影响，并且对公司绩效的影响也不一定是负的。

对于董事会独立性的认识成为考量董事会效率的重要前提，也是公司治理的理论难点（Adams 等，2010）。那么，什么因素决定或影响了董事会的独立性？董事会独立性是不是越强越好？根据代理理论的观点，董事会独立性越强，董事

① 公司董事依其是否在公司担任除董事以外的职务分为两类：公司员工担任的董事被称为内部董事，非员工担任的董事被称为外部董事。外部董事有根据其独立性分为灰色董事和独立董事两类。独立董事指不在公司担任除董事外的其他职务，并与其所受聘的上市公司及其主要股东之间不存在金钱和家族等可能妨碍其进行客观判断的关系的董事，而灰色董事表面上或依法律上满足独立董事的要求，但其与公司高管存在社会关系，不满足严格意义上的独立性要求。外部董事大都是独立董事，前者的主要特征是董事的外部性，而后者的主要特征在于独立性，国内外现有文献大都没有对两者做出严格区分，有关研究结论基本是通用的。

(尤其是外部董事)的监督作用越强,对公司治理和公司绩效越好;而友好董事会假说认为,为了保证管理层可以如实地向董事报告,借以获得董事会的针对性建议,可以牺牲一定的独立性,弱化一些监督;在此基础上,灰色董事理论进一步探究了社会关系的强度,及其对公司行为人决策的影响程度,而且,它认为对董事会独立性的认识,不能片面的看董事会人员构成,也要看成员间的社会关系,要区别名义独立董事和实际独立董事①。

本书依次综述了三个理论的主要文献,并介绍了它们对董事会独立性和公司治理的实证发现,最后梳理了关于我国独立董事的相关研究。

2.1 代理理论

2.1.1 代理问题

Berle and Means (1932) 洞悉企业所有者兼具经营者的做法存在着极大的弊端,提出"委托代理理论",倡导所有权和经营权分离,即企业所有者保留剩余索取权,而将经营权利让渡。Jensen and Meckling (1976) 第一次开创性的提出和量化了代理成本,并认为公司中存在两类代理问题②,其一是债权人与股东的代理矛盾,其二是股东与公司管理者的代理矛盾。委托代理理论已成为制度经济学和契约理论的最主要内容之一,其委托代理关系是指一个或多个行为主体根据一种明示或隐含的契约,指定、雇佣另一些行为主体为其服务,同时授予后者一定的决策权利,并根据后者提供的服务数量和质量对其支付相应的报酬。授权者就是委托人,被授权者就是代理人。Hart and Holmstrom (1987) 给出了经典委托代理模型,其基本特征是一个委托人和只从事一项工作的一个代理人。此外,Bernheim and Whinston (1986) 刻画了多个委托人的委托代理模型,Holmstrom and Milgrom (1991)、Laffont and Martimort (2002) 使用不同模型方法阐释了多项任务的委托代理模型。

2.1.2 董事会的监督功能

早期的委托代理研究普遍认为,股东与经营者之间的代理问题的产生是由于

---

① 与之类似,Aghion and Tirole (1997) 对企业内部权力做了正式权力和真实权力的区分。

② Stein (2003) 认为信息和代理问题是对MM定理的完美资本市场假定的最大偏离,交易摩擦使得代理成本变得重要,进而使得促进信息沟通、降低代理成本的技术和体制机制变得重要。

股东的监督的成本过高并且能力有限，分散的小股东们由于各自存有“搭便车”的动机，从而失去对管理者的监督。而董事会代表股东行使委托人权力保护股东利益，因此，代理理论强调董事会的监督功能（Hermalin and Weisbach，2003；Adams 等，2010）。如果董事会都是由内部人组成，那么就和经理没什么差别，无法解决代理问题。因此，通常在董事会中设置独立董事或者外部董事来独立监督和决策，在职能上独立董事类似于一些欧洲国家双层制董事会的监事会①。所以，代理理论认为外部董事因为其与管理层的独立性而具有更强的监督能力（Weisbach，1988），Fama（1980）指出独立董事作为专职的调停人和监督者，可以刺激和监督经理层之间的竞争，从而有效地降低经理人对剩余索取者权益的侵害，Fama and Jensen（1983）认为，独立董事外部市场的存在使得他们有足够的激励保持其声誉，而声誉激励阻止了独立董事和经理层的合谋，有效降低了经理层对董事会的控制②。虽然后来有学者开始强调董事的建议功能（Adams and Feirrera，2007），但是没有人否定董事监督功能的重要性，甚至很多学者认为董事的主要职责是监督而不是建议行为，Eisenberg（1975）认为随着公司治理的分工细化，战略管理日益成为 CEO 的主要职责，并且 CEO 有自己的顾问和智囊团，而董事会的主要职责是监督管理层而不是干预 CEO 的具体活动。独立董事过多的兼职和有限的精力也受到众多学者的质疑③，Fich and Shivdasani（2006）发现忙碌董事会（Busy Boards）的公司显示出较弱的公司治理和较差的盈利能力，Schwartz - Ziv and Weisbach（2013）通过分析董事会会议时间的构成，发现董事会大部分的精力是花在监督管理层而不是为其提供建议上的。

2.1.3 实证发现

代理理论认为董事的主要职责是监督管理层（Hermalin and Weisbach，2003；Adams 等，2010）。Eisenberg（1975）、Almazan and Suarez（2003）、Raheja（2005）认为董事的主要职责是监督管理层而不是干预公司的具体活动。Schwartz - Ziv and Weisbach（2013）使用了以色列上市公司 2007—2009 年董事会会议数据，

---

① 在我国独立董事制度和监事会制度并存，出现了两者定位模糊的困境。

② Fama and Jensen（1983）提出的声誉机制有效解决了“如何监督监督者”这一问题，当前主流文献依然认为声誉机制是对独立董事的最主要且最有效的约束激励机制。

③ 2011 年 2365 家上市公司共设有 7685 位独立董事职位，而 2011 年在上市公司从事独立董事的总人数约 5500 人，平均每位独立董事在 1.4 家公司任职，有近 150 位身兼 3 家以上（不包括 3 家）的上市公司独立董事的职位。

记录了各会议议题讨论的时间，发现董事会大部分时间是花在监督上的①。Rosenstein and Wyatt（1990）证实了外部董事比例和公司价值之间呈现显著的正相关关系，并发现任命外部董事进入董事会时，公司股价有正的超额累计回报率，甚至在外部董事已经控制董事会的情况下也是如此。Renneboog（2000）发现CEO的更替和独立董事比例正相关，但是这个正相关只有在独立董事在董事会中占优的情况下才会成立。Gillette等（2003）通过理论模型和实证分析发现，当代理问题非常严重时，让外部董事控制董事会可以抑制公司低绩效产出，即使外部董事不掌握公司内部信息。王跃堂（2003）发现独立董事制度有助于提高公司盈余信息的可信性。Graham and Narasimhan（2004）认为董事会中外部董事占多数的公司步入衰退的可能性较低。Knyazeva等（2011）考虑了本地独立董事市场对独立董事内生构成的影响，发现董事的本地市场供给会提高董事会独立性，并使用两阶段回归方法证实了董事会独立性利于公司价值的提升。Johnson and Greening（1999）、Mallin and Michelon（2011）发现独立董事比例与公司的社会表现正相关。

然而，有大量文献没有发现董事会独立性增加公司绩效的证据（Hermalin and Weisbach，1991；Bhagat and Black，2001；Drakos and Bekiris，2010）。相反，Yermack（1996）、Agrawal and Knoeber（1996）甚至发现独立董事对公司绩效具有负作用，他们没有很好的维护股东权益（Jensen，1993），在与CEO就公司决策发生冲突时往往不会采取公开的反对态度（Hermalin and Weisbach，2003）。因此，独立董事经常被称为“橡皮图章”。除了一些客观的理由②之外，现有文献研究本身也存在问题：第一，董事会构成的内生性③，Hermalin and Weisbach（1998）的研究表明，表现欠佳的公司会增加董事会独立性，这模糊了董事会独立性和公司绩效之间的因果关系；第二，董事会不仅要监督管理层，还具有提供建议的职责（Adams and Ferreira，2007），因片面强调监督而弱化建议也会使得公司价值下降；第三，现有文献对独立董事和董事会独立性的认识也不够全面，与CEO关联的董

① 以往文献由于无法观察到董事会的具体行为，董事行为与公司绩效的研究往往退化为董事会结构与公司绩效（Hermalin and Weisbach，2003），其逻辑前提是结构影响了行为，但是却引入了内生性问题（即绩效也影响了结构）。Schwartz－Ziv（2011）直接使用董事会议数据，观察董事行为本身，不仅省去了迂回还避免了内生性问题，但是作者在文中也指出，这种方式的缺陷在于它忽视了董事会会议之外的行为，而本书的社会关系却是会议之外的重要行为因素。

② 经理层对董事选择的有较强的影响力，经理具有信息优势，董事在公司中的“赌注”很少。

③ 董事会通常被认为是由市场外生决定的用于解决代理问题的，但是Hermalin and Weisbach（1998）的研究表明，表现欠佳的公司会增加董事会独立性，Hermalin and Weisbach（2003）认为董事会是由组织内生决定的用于解决契约不完全性的制度。

事可能能够胜任独立董事，但不能起到公正的监管者的作用，公司中存在大量名义独立实际不独立的灰色董事（Kramarzy and Thesmar，2013；Fracassi and Tate，2012）。

2.2 友好董事会理论

Adams and Feirrera（2007）提出的友好董事会假说的理论逻辑是：管理层掌握着一些私人信息，董事会过于严格的监督会导致管理层不向董事会汇报该信息，使得董事会无法提供针对性的建设性的意见，所以友好董事会可能比严格监督的董事会更利于公司价值①。因此，友好董事会假说的一个理论前提是公司内部信息沟通是有价值的，即管理层汇报信息和董事会提供建议都是有价值的。为此，本书首先梳理信息沟通的有关文献，然后给出友好董事会的相关理论和实证检验。

2.2.1 信息沟通的价值

信息不对称是指交易中的各人拥有的资料不同导致享有的信息量的不同。信息不对称会造成资源配置扭曲，甚至市场崩溃（Akerlof，1970）。Hurwitz（1973）认为，假如一个委托人想把一项工程托付给代理人，他需要知道代理人的真实能力和努力程度。为此，Hurwitz 提出了“激励相容”的概念。Maskin（1977）提出，要使机制有效运行，最好的方式就是信息都是真的，没有扭曲，即“说真话”规则。信息不对称还会造成团队生产的搭便车行为（Holmstrom，1982）和成员间的合谋行为（Tirole，1986；Faure - Grimaud，2001）。关于信息的沟通机制，现有文献一般采用“Cheap Talk”方式②，其主要解决的问题是信息发出者发出的信息有多少可信性，决策者如何选择自己的行为（Crawford and Sobel，1982）。

一方面，掌握信息是把控权力的保证。组织中信息是重要的，所有掌握信息的一方就具有了很大的隐性权力，Aghion and Tirole（1997）甚至认为信息拥有者是组织的实际权威者。与之相似，内部人控制理论认为管理层通过隐藏信息和行动而实际控制了公司。另一方面，下放权力也是为了更加充分的利用信息。Williamson（1967）认为增加科层的主要损失是科层间信息传递失真造成的控制损

① Dallas（1996）也认为董事会对经理层的信息依赖阻碍了董事会的有效监督。

② Cheap Talk，信息发出者（代理人）向信息接收者（委托人）可以无成本地发出不可验证的信息，接收者据此进行决策。

失。Ozbas（2005）认为企业多元化的主要弊端是交流困难带来的信息耗损。Dessein（2002）提出沟通不足而导致信息损失是企业科层授权的根本原因，因为把决策权力直接给信息持有者可以提高决策效率。Bolton and Brunnermeier（2013）则认为强权领导者可以更好地将领导意志这一信息向下传达，利于组织的协调和行动的统一，但是不利于员工信息和外部信息向上传达，因而不利于组织对外部环境的适应。

公司治理的文献一般假定管理层相对于股东有信息优势①，董事会决策依赖于管理层提供的公司内部信息（Fama and Jensen，1983；Dominguez - Martinez 等，2008；Adams 等，2010），而且董事会成员与其他经理人员之间的大部分接触都是由 CEO 搭桥的，Mayew and Venkatachalam（2012）甚至证实了 CEO 口头暗示和情绪表达中含有重要的投资信息。而友好董事理论认为董事会决策是建立在信息基础上的，而信息不仅来源于内部董事和管理层，也来自外部董事，管理层掌握直接信息且最大化自身利益，外部董事可以提供建议信息且最大化公司利益（Adams and Feirrera，2007；Harris and Raviv，2008；Baranchuk and Dybvig，2009）。与代理理论的不同在于，它不仅考虑了代理问题对公司决策的直接影响，还考虑了代理问题对内外部董事信息沟通的间接影响（Harris and Raviv，2008）。

2.2.2　董事会的建议功能

董事会获取公司信息的两条渠道，一是书面报告，二是管理层的口头汇报，而除了公司财务等证券交易所强制披露的信息和公司投融资等公司重大决策外，管理层尤其是 CEO 几乎可以相机汇报和呈现各种口头和书面信息，甚至董事会会议的议程也大都由 CEO 裁定。另一方面，虽然独立董事在财务审计和法律上具有专长优势，甚至在任职中累积了快速准确辨别公司决策信息的默会知识（又称缄默的知识或者内隐的知识，即只可意会，不可言传。——编注），但是他们对公司信息掌握不足，并缺乏讨论和分析有关信息的时间，所以拙于捕捉市场、技术和产品等方面的发展变化，以及公司自身的缺陷和发展机会。因此，发挥董事会的建议功能和独立董事的知识专长，从 CEO 那里获得公司私人信息是关键。Song and Thakor（2006）模型化了董事会和 CEO 之间的信息控制，模型假设 CEO 掌握项目信息，他策略性地向董事会汇报该信息并征得董事会对项目的批准，研究发现 CEO 出于职业生涯的考虑会扭曲信息的真实性。与

① 也有例外，例如 Levit and Malenko（2011）在研究股东提议的非约束表决这一问题时，分析了管理层如何通过股东决议来识别和利用股东持有的信息。

Song and Thakor（2006）的模型相似，Adams and Ferreira（2007）提出并模型化了长期被人们忽视的董事会的建议功能，认为友好董事会可能是好的，因为它可以增强董事会的建议功能。Adams 认为董事会具有监督和建议两种职能，监督职能要求董事会保持较高的独立性，而建议职能要求董事会与 CEO 保持一定的友好关系。因此，董事会不是越独立越好，具有友好关系的董事也是有价值的。Harris and Raviv（2008）阐释了公司董事会的最优控制问题，分别分析了内部董事控制、外部董事控制以及一方控制还是授权另一方的情形，文章认为成员掌握的信息是董事会决策的关键，控制方是否授权的决策也以信息为基础。与代理理论认为通过外部董事控制董事会来加强监督不同，Harris 发现内部董事控制也可能是好的。

2.2.3 实证发现

Adams and Ferreira（2007）认为董事会具有监督控制和建议咨询两种职能，监督职能要求董事会保持较高的独立性，而建议职能要求董事会与 CEO 保持一定的友好关系。因此，董事会不是越独立越好，具有友好关系的董事也是有价值的。Harris and Raviv（2008）与代理理论认为通过外部董事控制董事会来加强监督不同，Harris 发现内部董事控制也可能是好的，因为内部人控制能够最大程度利用内部人所具有的对企业有用的私人信息。Avery 等（1998）研究发现，追求并购的 CEO 们更倾向于增加外部董事。Agarwal and Knoeber（2001）认为具有政治背景的独立董事可以为公司提供政治建议。Fich（2005）发现 CEO 因为其工作经历而带来的建议能力，使得公司都愿意聘用他们做外部董事。Schmidt（2015）通过对企业兼并绩效的实证检验，证实了友好董事会假说，研究发现：在监督需求高的时候，友好关系对兼并收益有负面影响；而在建议需求高的时候，友好关系对收益有正影响。Coles 等（2014）认为董事会的规模和构成没有统一的定论，研究发现复杂的公司需要更多的建议功能，因而往往配备更多的外部董事，而对于高 R&D 的公司内部董事的信息优势更明显，其在董事会中的占比也就更高。不同于友好董事会理论只是把信息传递当作策略性理性行为的做法，本书考虑到社会和情感因素对行为人信息认知的影响，阐释了当事人行为的社会性和非理性。

2.3 灰色董事理论

由于无法直接观察董事会行为，现有研究大都退化为董事会结构对公司治理和公司绩效的影响（Hermalin and Weisbach，2003），其逻辑前提是结构影响了行为①，但是却忽视了董事会行为的社会基础——社会关系。友好董事会理论关注了董事和管理层友好关系，但是没有深入阐明社会关系在公司决策中的作用，它强调了该关系具有好的一面，但是他没有给出该关系的强度有多大、该关系的影响强度又有多大。而灰色董事理论通过社会嵌入理论解答了关系价值背后的逻辑，并通过对关系的计量识别经验检验了灰色关系对公司治理各方面的影响程度。

2.3.1 社会嵌入理论

经济行为是嵌入②于社会关系中的（Polanyi，1944；Granovetter，1985），因此我们不能忽视公司决策制定的社会过程（Stevenson and Radin，2009）。一方面，社会关系中的人们具有相似的偏好、信念和价值观，使得他们的行为本身就具有趋同性③；另一方面，他们会基于共同准则形成一定的利他倾向，行为活动受群体共同利益的影响。社会嵌入性对行为人的作用机制正是社会关系直接影响了行为人的效用函数。效用不仅仅取决于经济利益最大化的偏好，还取决于人们认为他们自己和其他人所应该遵循的行为规则（Pareto，1920），当行为人本人或其他人的行为提高了他的形象从而增加了他在群体中的身份认同度时，行为人就获得了效用增加（Akerlof and Kranton，2000）。而且，Akerlof and Cranton（2005）认为，对代理人不能完全采用薪酬激励，而是要选择与委托人偏好相近的代理人，将代理人身份认同激励与薪酬激励结合起来。利用社会嵌入原理，分析行为人的身份认同、利他主义、交换和互惠等问题，提供更加有效的组织方式和激励模式④，是经济学和社会学的共同重要课题。

公司高管的个人行为也是嵌入在公司内部社会关系中的。公司高层之间的非

---

① 当结构与行为不是一一对应的，同样的董事会结构可能会有不同的董事行为，使得公司治理和绩效表现有很大差异。

② 嵌入性是指经济活动在认知、文化、社会结构和政治制度方面的情景依存的本质，也即行动嵌入某种结构的程度、机制和结果。嵌入可以分为政治嵌入、文化嵌入、结构嵌入和认知嵌入四种类型（Zukin and DiMaggio，1990）。

③ 尽管我们时常要决定是否遵从群体，通常情况下，我们是无意识地和群体保持一致。群体成员具有同质性的社会结构特征，如出身、地位、职业、收入、种族、教育，甚至性别。在朋友、老乡和同事等社会联接网下发生同质内聚，成员就具有了共同利益和共享价值。

④ Englmaier and Leider（2012）将互惠作为激励动机的一个源泉，求解了拥有互惠代理人的委托代理问题的最优契约，并认为可以通过招募具有互惠心理的员工，进而在人事策略上运用互惠激励。Westphal and Zajac（1997）发现在一个“己所不欲勿施于人”的互惠圈子里，在其他公司担任 CEO 的董事们倾向于降低董事会独立性。

正式关系，如老乡、校友，与科层关系一样，会对企业的经营决策产生影响，并且不容易被媒体和公众识别（Westphal 等，2006）。正如诺思（1990）所说：“由非正式规范、规则和实施特征所组成的混合体，共同决定选择集合与最终结果，规则与绩效之间事实上并不存在严格的一一对应关系。”企业具有“沟通经济”或者“信息经济”①，包括信息冲撞、观察经济和预期集中等效果，这实际上是指企业内部的非正式组织所具有的优势。关系可以减少经济活动的不确定性，降低交易成本，有利于企业对资源优化配置并获取关键资源。与科层关系等正式关系相比，公司高层间的社会关系是一种弱关系、隐性关系。Lin 等（1981）认为弱关系连接着处于不同阶层、不同背景、拥有不同资源的人们，由于弱关系网络的异质性较大，所以资源交换、借用和摄取的几率较高。而且，这种非正式的友好关系，可以通过“圈内的声誉”“江湖之情”等机制自我实施，并且 Lee and Persson（2011）通过委托代理模型证明了：如果社会关系重要那么当事人不会轻易割裂它，反而会出于损失关系价值的担心而去加固它。Mizruchi（1996）认为企业会通过构建互锁董事会网络来降低同行业竞争。Dallas（1996）提出了关系董事的概念，认为关系董事是公司通过缔约、互锁董事会和并购等构建的桥梁策略，可以帮助公司获得关系资源②（例如协调与其他公司的关系，取得重要信息和资源的机会，应对不确定的环境），这一观点对股东会和董事会两权分立和董事会权威提供了一个功能解释，但关系董事强调的不是董事的社会关系而是与有资源的人建立董事关系。Lages 等（2005）通过信息分享、沟通质量、关系长期性和关系满意度四个维度对英国外贸企业间的关系质量进行了度量。Hochberg（2007）发现在位的风险投资家会通过社会关系网络对潜在进入者设置进入壁垒。Engelberg 等（2012）发现银行企业的高管个体之间的社会关系，不仅降低了企业信贷的交易成本，而且提高了企业的信用评级和股票收益，即银企高管社会关联既存进了信息流又改善了监督。

现有文献对董事会社会关系的研究以外部关系为主，资源依赖理论是主要代表，该理论认为董事会的规模和多样性是组织与外部资源互动的结果，董事会有效性的标准是资源获取而不是资源使用。显然，它忽视董事会内部治理功能，而实际上董事会是公司内部的一种内生性的控制机制。计量上，大都使用独立董事

---

① Ozsoylev and Walden（2011）把社会网络当成信息网络的一种特殊形式，并认为关系使得网络中的个体有相近的信息来源。Hirshleifer and Teoh（2008）也认为社会关系是一种重要的信息传播渠道，它可以促进公司内部各种活动的扩散。

② 这一观点与资源依赖理论相似，该理论认为组织生存需要从与外部环境的互动中获得关键资源，因此组织必须寻求各种方法（包括董事会的多样化构成）来获得和稳定掌握这些资源。

与本地（或本国）公司的高管，或董事之间的社会关系数量来测算该独立董事的外部关系，关系的衡量也主要通过共同工作经历来识别，例如A董事只在一个公司担任过董事，并且该公司董事会有6名成员，那么A董事的外部关系这个变量的取值为6（Cashman等，2012）。显然，这对外部关系的衡量非常局限，董事在本公司外的社会关系也包括政党政府、科研院所以及非营利组织，而这其中建立的关系也许会比企业高管之间建立的关系对董事个人和公司而言更重要。外部关系只能衡量个人的社会资本，仍是个人特征范畴，与性别教育年龄等个人特征是一样的，而内部关系才是左右人事选择和个人行为的社会因素，这也是本书所研究的。Renneboog and Zhao（2011）研究认为董事会成员之间的社会连接会提高CEO的报酬并降低CEO薪酬敏感性。

2.3.2 关系契约理论

人际关系不仅存在于个人的生活当中，同时也存在于生产、分配、流通和交换活动的各个方面。人们寻求和维持人际关系是为了增进个人的效用①，而且这种关系是循环的，是互惠的，是网络状的②。人际关系网络容易在相似的资历和身份的人之间形成（Marsden，1987；McPherson等，2001），而关系网的背后隐藏着权力的分布网和行动路线（张军，1995）。经济学者也很早就注意到社会关系对行为人经济行为社会嵌入性的影响，关系契约理论就是其中最具代表性的理论之一。

关系契约的概念由Macneil（1973）提出，他将契约分为古典的、新古典的和关系的三种，并认为契约研究的核心是认识到交易在社会关系上的嵌入性，关系嵌入性决定了要从交易所嵌入的关系去理解契约。契约根据其完备性可以分为完全契约和不完全契约，前者假定契约是完备的，契约可以包含所有可能出现的或然状态并被第三方强制执行，其理论核心是如何设计契约和制度来约束和激励代理人（Alchian and Demsetz，1972；Jensen and Meckling，1976；Holmstrom，1979；Cheung，1983）；后者假定契约是不完备的，因有限理性或缔约成本使得契约不能规定所有或然状态，并且信息的不可证实性阻碍了第三方有效执法，主要主张通过刻画契约性质的维度来比较不同治理机制的效率，进而得到最优的治理机制

---

① 李涛（2006）认为个体通过选择与其参考群体成员所遵循的社会规范一致的投资策略，可以保持和增加群体成员对他的尊重，从而可以提高其效用水平，反之则会受到群体成员的惩罚（如他人的不合作），并导致其社会声誉的丧失。

② Ekeh（1974）认为收到恩惠的人不必要向施恩者回报，他可以向关系网中任意第三者提供恩惠用以间接报答施恩者，其结果是形成了一个互惠关系网。

(Williamson，1985；Grossman and Hart，1986；Hart and Moore，1990；杨瑞龙和聂辉华，2006)。关系契约属于不完全契约，关系契约条件下，交易双方的缔约并不对交易的所有内容条款进行具体详尽的规定，只部分依靠于契约的明文规定和法律体系，部分则嵌入于人格化的关系网络中。关系契约存在于特定的关系网络中，在责、权、利方面并不是依据第三方来监督执行，而是通过家族血缘、朋友人情关系、诚信和信任、交流与策略、合作和威胁以及声誉机制等非正式约束来自我实施。不完全契约理论的开创者威廉姆森的主要贡献是通过资产专用性、交易频率和不确定性来刻画交易并度量交易费用（Williamson，1985），他认为关系是被资产专用性和多次交易的需要诱导出来的，因为资产专用性和频繁交易使得关系的维持具有价值，从而双方有形成持久关系而不从事机会主义行为的需要(Williamson，1979)。在现实的商业关系中，这种非正式的、不直接涉及法律的契约形式占据支配地位，它可以通过取消未来交易或贬低机会主义者的声誉来遏制机会主义，实现自我履约，大量来自信任博弈、最后通牒博弈和公共品资源供给的实验结果证实了行为人会策略性地表现出社会友好、忠诚与合作。刘世定（1999）在评述社会嵌入和契约理论经典文献的基础上，将缔约前的社会关系导入了委托代理模型，并提出了“二次嵌入”的概念。Bull（1987）分析了员工和雇主的隐性契约，认为公司内的社会声誉使得该隐性契约可以自我实施。Baker等（2002）认为关系契约因非正式协议的未来价值而在公司内外广泛存在，并且通过重复博弈模型论证了公司内和公司间关系契约的差异。Levin（2003）对关系契约的自我实施机制和最优契约设计进行了详尽论述，研究发现关系契约可以很好地解决不对称信息下的激励问题，因为关系契约的履行不依赖于完善的绩效评价，而取决于保持合作的长期价值。而且，关系型治理是我国家族企业的重要治理方式，企业采用关系型治理还是规则型治理依赖于治理成本和约束条件（皮建才，2009)，一味追求不依靠信任与忠诚的规则型治理，可能会给家族企业的发展带来很大的隐患（李新春，2002)。除了微观契约方面，关系对于制度的理解也至关重要。诺思等认为，人们是通过某些先存的心智概念来处理信息和辨别环境的，即行为人都有自己的心智模型，而行为人又处在一个相互交往的社会网络①中，通过社会网络的交往和集体学习，进一步形成了共享心智模型，构成了共同的行为选择集，这就是制度(Denzau and North，1994；Mantzavinos，North and Shariq，2004)。

① 一个网络描述一组节点以及他们的联接（桑吉夫·戈伊尔，2007)，社会网络是指以个人或组织为节点，以他们之间的社会关系为联接而形成的相对稳定的网络体系。

2.3.3　CEO－独立董事社会关系——灰色董事

灰色董事，是指虽然符合有关法律规定的金钱和家族上的独立性，但与CEO存在社会关系的独立董事。CEO－独立董事社会关系使得独立董事因社会认同和社会惩罚而弱化对CEO的监督，同时又因网络内便利的信息沟通而强化了对CEO的建议。对灰色董事的研究，主要在于考察董事与CEO的社会关系的各种影响，如董事的任命、董事的监督和建议行为、CEO的更替和报酬、公司绩效等。理论模型构建方面，关键在于如何在模型中体现这个社会关系的作用原理。实证检验方面，关键在于如何量化这一社会关系。

许多学者从CEO的私利追求、董事的建议功能、信息沟通等角度对社会关系的作用机理进行了洞察。Hermalin and Weisbach（2003）认为董事和CEO存在固有矛盾：董事会倾向于保持独立性来监督和替换CEO，而CEO为了个人利益倾向于俘获董事会。Adams and Ferreira（2007）提出并模型化了长期被人们忽视的董事会的建议功能，认为友好董事会可能是好的，因为它可以增强董事会的建议功能。Lee and Persson（2011）利用委托监督模型，把社会关系用利他效用函数来体现，认为关系只是信息沟通的桥梁，结果可能是监督者被俘获也可能是代理人被忠诚化。

社会关系的量化是对灰色董事各类问题进行实证分析的前提。Shivdasani and Yermack（1999）认为那些被CEO提名和招募的董事会成员对CEO存在感恩心理，很难对CEO形成有效的监督。Westphal（1999）、Landier等（2005）、Chidambaran等（2011）、Coles等（2014）人为假定CEO任期内上任的独立董事都是灰色的，进而使用这些董事的比例来检验社会关系对公司治理的各种影响。例如，Landier等（2005）使用公司管理团队中有多少高管人员是在现任CEO之前加入公司，衡量其他高管人员对现任CEO的服从程度。很多社会学的文献，通过问卷调查来识别个体间社会关系的存在和强弱（Uzzi，1996；Westphal等，2006）。当前灰色董事的研究更多的是通过董事和CEO的个体数据来识别社会关系。Hwang and Kim（2009）通过校友、老乡、服军役、专业和行业背景五个方面刻画CEO和董事之间的共同经历和相似品质，来衡量社会关系的存在。Kramarzy and Thesmar（2013）、Nguyen（2011）根据法国的特征，从精英院校毕业和公务员经历两方面来衡量董事和CEO的社会关系。Hoitash（2011）刻画了独立董事与内部董事的社会关系，并使用是否共同在第三方公司担任董事来衡量这种社会关系。Fracassi and Tate（2012）使用现在的工作、过去的工作经历、毕业院校和其他组织四个维度来识别和量化了这一社会关系。Liu（2010）区分了内部关系和外部关系，并使用关系网络的图论方法从共同工作经历的角度对两种关系进行了量化。Hwang and Kim（2012）不仅计量了老乡、校友和战友等直接的个人关系，还认为如果存在一个与两人关系都很密切第三者，那么也可以认定两人具有间接社会关系。

社会关系的识别是经济学和社会学的难点之一。社会关系会影响个体的行为，这是大家几乎公认的看法。然而，这一影响的程度有多大、影响机制又如何，现有文献仍然相当匮乏（Banerjee 等，2013；Chandrasekhar and Lewis，2011）。对于 CEO－独立董事社会关系的识别，本书第二章详细阐释了已有文献的做法，大部分是使用个体间的工作经历进行匹配（共同工作经历），少数使用了教育背景进行匹配（校友），结合中国乡土人情的社会事实，引入了"老乡"。而且数据的可得性较差，无法识别各种间接关系。本书认为这三个指标可以作为社会关系的代理变量，虽然他们不是社会关系的全部。同时，需要说明的是，不能将社会关系泛化。各种形形色色的关系都是存在的，只有有一定基础的关系才有研究价值①。因此，选择老乡、校友、共同工作经历三个指标来衡量独立董事和 CEO 的社会关系，并使用是否具有社会关系、社会关系的类型和社会关系的数量等多种方法来量化关系的强度。

2.3.4　实证发现

灰色董事理论认为董事会独立性的认识必须考虑 CEO－独立董事社会关系的存在，必须区分名义独立董事和实际独立董事（Kramarzy and Thesmar，2013）。CEO 和独立董事因为这种灰色关系的存在而会影响到公司决策过程，进而影响公司绩效。

CEO－独立董事社会关系会严重阻碍董事会对管理层的独立监督职能（Kramarzy and Thesmar，2013；Hwang and Kim，2009），这是因为独立董事对 CEO 的监督会导致信任缺失而关系破裂②，最终遭受效用损失。Fracassi and Tate（2012）认为 CEO－独立董事社会关系不仅弱化了董事会的监督，而且降低了公司价值，尤其是在外部监督不足的情况下，而且，作者发现与 CEO 有关联的董事的死亡或退休会引起公司价值的显著增长。Hwang and Kim（2012）发现审计委员会与 CEO 的社会关系使得审计委员会放松了对 CEO 的监督，这加剧了公司盈余管理问题。

---

① 正如 Granovetter（1985）所言，对行为人社会嵌入的分析，既不能低度社会化也不能过度社会化。

② Putnam（1995）认为社会关系因彼此信任而能维系。

也有学者认为灰色关系导致了董事选举（Kuhnen，2009）、CEO 更替（Nguyen，2011）、企业投资（Guner 等，2008）等公司治理的扭曲和低效率。同时，已有文献也实证检验了灰色关系对风险资本投资（Hochberg 等，2007）、共同基金投资（Cohen 等，2008）、分析师推荐股票（Cohen 等，2010）、企业投资（Fracassi，2008）等具有重要价值。此外，也有观点认为社会关系的价值因现实条件不同而不同。Westphal（1999）研究发现与高管友好的外部董事会更加主动地提供帮助信息和建议，而高管也更容易接受来自朋友的"异议"。因此，他们之间的这种友好和信任关系，便利了不同科层间的信息沟通，增强了外部董事对公司决策的参与、干预和控制，这也就间接增强了外部董事的实际监督职能。Duchin 等（2010）认为外部董事的效率取决于其获取公司内部信息的成本大小。Chidambaran 等（2010）区分了专业性的社会关联（如共同工作经历）和非专业性的社会关联（如校友），并实证发现前者降低了而后者增加了公司诈骗的可能性。Shao（2011）使用美国上市的以色列公司和匹配后的美国本土上市公司为实证样本，检验了相同的正式制度下文化差异对灰色关系的多寡及其作用的影响，研究发现以色列公司和美国公司有相似的 CEO－董事关联，但以色列公司没有和美国公司那样因社会关联而提高了 CEO 的报酬。Hoitash（2011）实证检验了独立董事与管理层社会关系是否影响了其对管理层的监督职能，研究发现，与管理层有关系的独立董事不适合在报酬委员会任职，较适合在审计委员会任职，因为前者更需要保持独立性而后者更需要成员的交流和合作。Kang 等（2012）认为根据管理者的积极性可以把代理成本分为两种——"帝国建造"和"平静的生活"，作者发现面对积极的管理者董事会独立性会提高公司价值，这是因为董事会更需要且有能力对积极的管理者进行监督和建议。Kang 等（2012）在衡量董事会独立性时区分了名义独立性和实际独立性，但是没有对比名义独立性和实际独立性对公司绩效的不同影响。

2.4　针对中国董事会的研究

以上文献梳理主要基于外国研究，是以欧美公司治理环境为背景的，而我国董事会具有人情社会现象更加严重、公司制度尤其是独立董事制度不完善等特征，所以，有必要对我国董事会的研究文献进行进一步梳理。

关于董事会独立性与公司治理问题，针对中国董事会的研究以经验分析为主，基本上延续了国外学者的研究方法，大致可以划分为以下四类：1）独立董事的任命和连任；2）独立董事的背景特征；3）独立董事对公司绩效的影响；

4）独立董事对中小股东保护的作用。

第一，独立董事的任命和连任

我国学者从独立董事任职绩效、发表异议、说不、辞职等方面实证检验了独立董事的任职问题。朱茶芬（2006）认为上市公司聘请独立董事的真正动机是迎合政府法规的合规性要求，而出于非公司治理的需要；陈艳（2008）发现独立董事任职绩效增长会提高独立董事未来获得新职位的可能性，而发表异议会降低其获得新职位的可能；张俊生和曾亚敏（2010）检验了独立董事辞职事件的超额累计回报率；唐雪松等（2010）证实了说不会导致独立董事离职率上升；支晓强和童盼（2005）证实了控制权转移会带来独立董事的变更，说明了独立董事不独立。

曹廷求等（2012）认为本地董事供给更加充足时，董事会可以选聘更多的优秀董事特别是独立董事。然而，“被动”的董事会可能更多地依赖大股东或者CEO等内部人提名和推荐的方式满足相关法规要求，较少地选择市场化的聘任机制。Fan等（2007）使用中国上市公司样本，实证发现具有政治关联的CEO会任命更多的官员董事而不在乎他们的专业背景。以上研究虽然注意到了独立董事的灰色性，及其对董事任命的影响，但是没有明确提出这一观点，也没有使用个体数据进行检验。而本书直接从独立董事个体层面研究CEO-独立董事社会关系对独立董事任命的影响。试图直观量化“社会关系”和“CEO权力”这两个重要变量，并使用特殊的样本——独立董事市场（各年度到期的独立董事），验证它们对独立董事的连任（或再次任命）的影响，同时控制任职绩效、董事能力和背景等变量的影响。

第二，独立董事背景特征

与国外的灰色董事文献类似，国内学者也关注了独立董事的背景特征，但是没有直接把独立董事背景与高管背景建立连接，也就没有考察这种社会关系对公司治理的影响。魏刚（2007）、陈伟民（2009）研究了独立董事背景对公司绩效的影响；姜付秀等（2009）检验了独立董事背景对企业过度投资的影响；周良和陈共荣（2011）分析了独立董事背景对其薪酬的影响；余玮（2011）研究了不同性质的企业独立董事背景的差异；罗党论和唐清泉（2009）检验了政治关联对企业获取资源的影响；Giannetti等（2011）实证发现董事具有海外经历的中国公司的治理结构更好，盈利性更强。国内独立董事背景的研究依然停留在对独立董事个体特征的描述上，而没有深入分析个体背景间的社会关联，尤其没有关注到CEO-独立董事社会关系对公司治理的特殊作用。一个例外是，宁向东和张颖（2012）在分析独立董事监督的勤勉性和公正性时考虑到了独立董事和控股股东的社会关系，研究认为两者的私人关系会降低独立董事监督的诚信度和勤勉度。然而，该文对独立董事和董事会功能的认识限于监督功能，把社会关系的作用限于监督意愿，并且没有进行量化分析和经验检验。而从国外已有研究发现，灰色关系是独立董事独立性的最大挑战，不刻画灰色关系只从教育水平、政治背景、行业背景、财务背景等个体特征来检验独立董事发挥效果如何，显然是不够科学的。本书试图对我国独立董事的社会关系，尤其是 CEO－独立董事的社会关系进行全面测算，进而探究这种关系对我国企业高管的个体行为、企业绩效和投资者保护带来了什么影响、影响程度又有多大。

第三，独立性对公司绩效的影响

我国独立董事是否改善了公司治理、提高了公司绩效是一个长期而重要的话题，因为它直接决定了我国独立董事制度的合理性。许多学者对我国独立董事持否定态度。胡勤勤和沈艺峰（2002）发现我国上市公司的经营业绩与独立董事之间的相关性并不显著，上市公司绩效并不受独立董事的影响；李常青和赖建清（2004）证实独立董事比例与公司绩效负相关；王兵（2007）发现独立董事并不能提高公司盈余质量；吴晓晖和娄景辉（2008）发现独立董事的引入对董事会领导权结构的影响不明显，对董事长和 CEO 变更也没有显著作用；郝云宏和周翼翔（2010）发现董事会独立性对公司绩效无明显的促进效应，但绩效对董事会独立性却呈现出显著的反馈效应。也有一些肯定的观点，例如邵少敏等（2004）认为独立董事有助于改善公司治理结构，但控股股东持股过高会制约独立董事发挥作用；王跃堂等（2006）发现独立董事比例和公司绩效显著正相关，但大股东缺乏制衡会限制独立董事对公司绩效的促进作用；袁萍等（2006）也发现独立董事比例会提高公司业绩。此外，也有一些相对折中的观点，例如郑志刚和吕秀华（2009）认为独立董事不是发挥直接作用，而是通过与其他治理机制发挥交互作用；余怒涛等（2010）发现公司规模对独立董事比例具有门槛效应，在不同公司规模的门槛区间，独立董事比例与公司绩效的相关性有所差异；叶康涛等（2011）研究发现，大多数情况下独立董事投票权是“橡皮图章”，不会公开质疑管理层，但当公司面临危机时，独立董事会发表异议发挥监督作用，提高公司价值。总结现有文献，学者对我国独立董事的功能和角色的看法存在分歧，但更多的人认为国内独立董事“懂事”而不“独立”，是“花瓶”。而本书认为这些研究没有客观有效地评价我国的独立董事，因为他们没有区别名义独立董事和实际独立董事。

第四，独立董事对中小股东保护的作用

虽然我国独立董事制度的初衷在很大程度上是保护中小股东利益，而非仅仅是为了提高公司绩效，但是国内对独立董事保护中小股东的研究非常少。叶康涛等（2007）以大股东占用上市公司资金作为研究对象，考察了在中国证券市场上，独立董事的引入能否有效抑制大股东的掏空行为；申明浩（2008）利用民营上市公司样本检验了公司内部治理机制对家族控股股东隧道行为的影响；刘素芝（2007）认为独立董事可以通过征集小股东的委托投票权，代表小股东参加股东大会，对大股东损害小股东的行为投反对票的方式，来保护中小股东；杜育华（2010）认为大股东治理机制有其自身优势，独立董事限制了该优势的发挥。本书通过对大股东资金占用等方面的分析，检验了名义独立董事和实际独立董事对中小股东保护的作用，研究发现独立董事起到了保护中小股东的作用，尤其是实际独立董事。

2.5 有关文献评述

董事会是公司治理的重要组成部分。董事会研究经历了代理理论、友好董事会理论和灰色董事理论的发展历程。代理理论从代理问题出发强调董事会的监督职能，友好董事会理论从信息沟通价值出发强调董事会的建议职能。灰色董事理论认为社会关系的取舍直接影响了董事会两种职能的多寡，而且社会关系的存在又通过影响董事会独立性间接影响了两职能的发挥，即社会关系通过这两条途径共同影响了董事会的功用。然而，对于关系对公司治理的价值没有得到一致的实证结论。

2.5.1 三种理论的简要评述

代理理论强调董事会的监督职能，认为董事会（尤其是独立董事）可以约束公司经理层及控股股东，保护投资者利益。其引申的政策含义是通过各种机制体制提高董事会的独立性和发挥独立董事作用。但是它有明显的缺陷和不足：第一，它忽视了董事会的建议功能；第二，对董事会独立性的衡量和对独立董事制度的评价不够科学合理；第三，它假定行为人是个人主义和自利的，不能解释人们在社会生活中的复杂性行为，也不能满足人们以社会人形式存在的需要（Jensen and Meckling，1994）。

友好董事理论强调董事会的监督职能，认为董事会可以为经理层提供必要的意见建议它，提高公司决策的科学性。该理论给独立董事制度带来了质疑——如果董事会独立性不是越强越好，那么独立董事的价值和独立董事制度的合理性如何体现？它认为最优董事会独立性的多寡取决于董事会的监督和建议需求，其政策含义是独立董事制度不能“一刀切”而应分类讨论。友好董事会理论充分考虑了董事会的建议功能，并分析了董事会和管理层的社会关系，但是它没有认识到社会关系本身对行为人决策的社会影响。它侧重社会关系对信息沟通的价值，它依然认为行为人是自利的和中性的，他们从不会站在哪一方，也不属于任何政治派别或小团体，只是为了获得信息或建议而彼此“友好”，这是一种低度社会化的处理方式（Granovetter，1985）。而且，它也没有对独立董事的名义独立和实际独立做出区分，依然没有处理好董事会独立性的衡量问题。

灰色董事理论是代理理论和友好董事理论基础上产生的最新理论成果，它认为如果独立董事因社会关系而不独立，那么这些灰色董事不但难以有效监督反而会成为管理层机会主义的“保护伞”，因此，必须从独立董事中严格区分出灰色董事，并分析他们的行为及对公司治理的影响。该理论在代理理论的框架下，不仅全面考虑了董事会的监督和建议功能，而且把行为人当作部分利他的社会人，并直面社会关系在董事会决策中的作用，从社会人利他偏好阐释了行为人的非理性行为。灰色董事理论认为，除了改善建议功能，灰色关系会促使 CEO 为了独立董事的声誉而主动追求股东利益，也会使得独立董事为了 CEO 的留任和报酬而主动提供监督和建议来增加公司绩效①。它还区别了名义董事会独立性和实际董事会独立性的概念，更好的客观评价了独立董事的功用和独立董事制度的合理性。

2.5.2　本书试图做的研究拓展

代理理论从代理问题出发强调董事会的监督职能，友好董事会理论从信息沟通价值出发强调董事会的建议职能。灰色董事理论则认为董事会具有监督和建议职能，但两种职能的发挥与社会关系密切相关。由于经济行为的社会嵌入性，社会关系会使得行为人的监督和建议行为发生扭曲，进而使得董事会功用、公司治理和公司绩效都受到影响。灰色董事理论的理论模型构建仍然缺乏，而实证分析得到了丰富成果，但是灰色关系对于董事会功用的利弊还没有得到一致的经验检验。

现有研究已经取得了丰硕成果，但也存在一些不足，本书认为可以在以下几点做进一步的拓展研究：第一，现有文献侧重灰色董事对监督的弱化，而对灰色

① 因此，一方面，公司可以利用灰色董事的声誉给 CEO 间接施加社会激励。另一方面，公司可以利用 CEO 的更替和绩效报酬给独立董事间接施加货币激励。Akerlof and Cranton（2005）也认为，对代理人不能完全采用货币激励，而是要选择与委托人偏好相近的代理人，将代理人社会激励与货币激励结合起来。

关系的正向作用分析不足。同时检验了董事会的监督和建议行为，阐释了社会关系对董事行为的扭曲性以及对公司利弊的体现，分析了社会关系的权衡取舍。第二，灰色董事的价值具有两面性，那么公司是否会根据需要主动选择灰色董事呢，例如对建议需求较高的公司是否会较多的任命灰色董事？可以从独立董事的任命过程来考察什么样的董事被选择了，以及选择依据是什么。第三，对董事会功用的评价大都使用公司绩效来衡量，而公司绩效的波动体现了公司风险的大小，中小股东保护程度体现了控股股东和中小股东之间的代理问题，它们也是公司的重要目标变量。因此，可以从公司绩效波动和中小股东来进一步评价董事会（尤其是灰色董事）的功用。第四，关系是中国社会文化的重要特征，它会对投资决策、资产价格以及公司治理等产生重大影响（陆蓉和邹富，2012），并且关系型治理是我国企业（尤其是家族企业）的重要治理方式（皮建才，2009）。那么，社会关系对我国董事会带来哪种影响，如何评价、改善和优化我国独立董事制度呢？回答这个问题，不仅可以推动董事会的学术研究，而且可以为我国公司治理的政府政策提供一定的参考依据。

第三章　理论模型

3.1　模型设定

本书模型构造以董事会监督和建议功能为逻辑起点，探讨社会关系如何影响行为人的偏好和信息处理，进而表现在董事的监督和建议行为上的。

博弈理论大都假定行为人具有共同知识，然而事实上由于信息不完全和有限理性，行为人往往具有不同的先验和认知结构，甚至对共有的经验有意或无意地做出不同的解释。因此，个人行动的主观基础就格外重要，因为一旦信念确立，剩下的问题就属于纯粹逻辑推理的范畴了。而主观基础正是情感和理性共同生成个人信念的过程，现有研究对个人行为的主观意义（尤其是社会关系为代表的情感因素）分析不足，无法真正解释个人行为背后变幻莫测的主观动机，也不能有效解释共同知识不足的情况下纳什均衡解的存在性。友好董事会理论关于董事会监督和建议的理论模型，也只是把信息传递当作理性行为的一种，董事为了自己利益而策略性的披露信息，而没有考虑到社会和情感因素对行为人信息认知的影响，没有阐释当事人行为的社会性和非理性。我们认为，人的行为具有社会嵌入性，为了维系彼此关系会有利他偏好。

一般来说，只是当企业遭受到负面冲击而只有 CEO 掌握这一信息时，公司治理的价值才真正体现出来（Adams and Ferreira，2007）。鉴于此，我们将注意力集中在这样一个问题上：当企业面临不利局面时，何种制度安排（例如独立董事任免、董事会的监督制度）能够使得 CEO 有积极性向董事会反映真实信息并得到后者的有效建议，从而最好的发挥董事会的监督和建议双重职能，实现公司价值最大化。

基于以上考虑，我们构建了一个简单模型，用一种比较制度分析的方法来分析社会关系和治理制度如何影响董事会的监督和建议行为。博弈模型分为三个阶段：在时期 0，构建治理制度，选择董事会构成，规定 CEO 薪酬安排和处置权，而且 CEO 做出投资决策。值得注意的是，董事构成就决定了 CEO－独立董事社会关系的存在和多寡。在时期 1，假定企业遭受了不利状态，这类外生威胁冲击发生的可能性为 $1-q$，CEO 会选择是否向董事会如实报告信息，董事会则根据董事会的独立性（或者说独立董事与 CEO 社会关系的强度）来选择对 CEO 的监督和惩罚力度。在时期 2，最终结果出现，依据不利状态发生的可能性、CEO 是否报告信息、董事会是否提供了建议、董事会的监督力度、最终实现的公司绩效等因素，给出博弈各方的支付。博弈的时间线如图 3－1 所示。

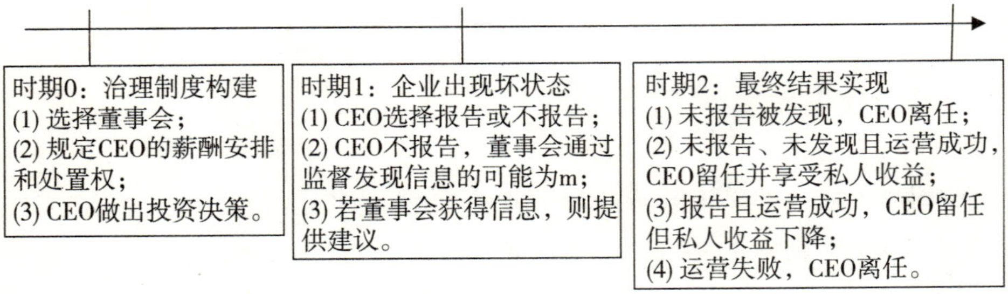

图 3－1　博弈模型的时间线

3.2　模型构造

根据上文的设定条件，我们构建了一个股东、董事会和 CEO 之间的三阶段博弈模型。

时期 0：治理制度构建

设想在一个所有人都是在风险中性的世界里，有一个净资产为 1 的公司。在时期 0，该公司组建了董事会并聘请了 CEO①。虽然该 CEO 被认为拥有充足的经营管理能力，但其确切的能力只有在随后的经营管理活动中才能得到检验或者被重新评估。

此时，CEO 的薪酬安排也被确定。假设由于薪酬中的期权安排（或者本身是股东）而使得 CEO 持有该公司权益性资产的份额为 $\theta \in [0, 1]$。注意，这类报酬

① 可能是先形成董事会并由董事会聘请了一个 CEO，也可能是在 CEO 主导下形成一个董事会。

权的损益与CEO是否继续任职无关。与之不同，有些报酬权与CEO是否继续在位密切相关，即一旦离职该收益就丧失，不妨将之简称为“在位利益”（b），且包括两部分：薪酬合同规定的货币工资、奖（罚）金等；非合同规定的私人利益，比如在职消费、职权和权威等。

CEO还被实际赋予了某个范围的处置权①，比如可自主决定的投资额度，担保额度等，而超过这个范围的处置权归董事会。在某种程度上，后者体现了董事会的监督权的大小，其作用很大程度上体现在事前对CEO在职私人利益和源于CEO经营损失的潜在规模的限制。对于这种监督权或控制权的积极作用已经有大量研究（Tirole，2001），这里不再详细讨论。在本书的模型中，将更多地关注董事会的监督权对CEO事后实际利益的影响程度，和如何影响CEO与董事会之间的信息沟通活动，及其对公司价值的影响。

模型中，假定公司高层的人事安排已经确定，不仅CEO已有人选并做出投资决策，而且董事会成员也已存在。虽然下文会通过比较静态分析阐述董事会选举问题，但是静态分析的起点是CEO和董事们都已经走马上任、各司其职。那么，董事们（尤其是独立董事们）与CEO的社会关系是否存在也就随之确定了，这一事实上的社会关系会直接影响董事会独立性和董事行为。特别注意的是，与以往研究不同，这里的友好关系不是策略性友好，为了达到获取真实信息等目的而故意示好，这种关系是结果而不是原因。这里的友好是出于社会人假设，为了维系社会关系的需要而表现出利他行为，具体表现在CEO不报告信息时董事会的监督意愿，以及CEO报告时董事会的惩罚力度两个方面②。

时期1：企业遭受不利状态

当CEO获得处置权后做出了相应的经营管理决策，比如投资了某些项目。如果企业在事后未遭受某种随机冲击，则在该CEO的领导下能够实现企业利润π（>0）。不过，该类冲击发生的概率为$1-q$，将导致企业在时期1遭遇某种不利局面。若该情况未得到及时有效处理，则企业将最终遭受损失$l\in(0,1]$；反之，若处理及时且有效，则企业仍然能够实现正常利润π。当然，能否成功处置该外部冲击取决于CEO所能利用的相关知识和能力$k\in[0,1]$。

---

① 注意，“实际的处置权”可以大于名义的或者契约规定的处置权，因为当CEO及其管理团队在董事会中具有很大的发言权，从而使得某些超过名义处置权的决策和行为也能够得到董事会的认可。

② 实际上，社会关系会使得彼此增加信任，一方会更加主动和有义务感的去提供良好建议，另一方也会乐于接受和主动问询对方的建议，增进了彼此的沟通和理解。因此，社会关系会加强建议能力和意愿。而本书模型中，社会关系只是影响了董事的监督行为而间接影响了建议行为。这一简化处理，并不影响模型的主要结论。

时期2：结局与支付

由于该外部冲击首先由CEO观察到，且他立即意识到自己处理该危机的真实能力为 e（≤1）。这使得CEO面临着一个两难选择：若他不主动报告，则不能从董事会得到帮助；若及时报告，则董事会将知道其真实能力 e。因此，CEO必须选择是否向董事会报告该信息。下面分两种情况进行讨论。

情况1：如果CEO选择不报告，则他将完全依靠自己的能力（$k=e$）来应对这种不利局面，那么，在时期2得到好结局的概率为 e，而企业遭受损失 l 的概率为 $1-e$。如果不利形势被扭转，CEO将继续保留自己在公司里的职位并享受相应的私人收益 b，包括在职的货币收益和非货币收益；反之，CEO将被解职而失去相应的私人收益。与此同时，如果现任CEO不报告危机情况，董事会也会履行监督职责，董事会出于自己能力和意愿的限制，监督到危机情况的可能行为 $m\in[0,1]$。这里不考虑董事能力问题①，所以假定 m 主要受监督意愿的影响，也即CEO－独立董事社会关系的影响，下文则直接称 m 为董事会的监督意愿。当CEO不报告而被发现时，董事会成员将根据自己的知识和社会资源提供相应的建议，甚至提供管理能力上的帮助 $a\in(0,1)$，从而使得事后出现好结局的概率提高为 $(e+a)\in[e,1]$，然而CEO将被解职而失去相应的私人收益。也正是CEO离职威胁的存在，出于对朋友的关照或互惠，使得与CEO有社会关系的独立董事的监督意愿会降低，导致关系越强 m 越小。

因此，CEO选择不报告时，预期效用可表述为：

$$U_{C1}=q(\theta\pi+b)+(1-q)\{(1-m)[e(\theta\pi+b)-(1-e)\theta l]+ m[(e+a)\theta\pi-(1-e-a)\theta l]\} \tag{3-1}$$

此时，股东的期望价值等于预期收益减去监督成本，具体表达式为：

$$V_1=(1-\theta)q\pi+(1-\theta)(1-q)\{(1-m)[e\pi-(1-e)l]+ m[(e+a)\pi-(1-e-a)l]\}-0.5m^2 \tag{3-2}$$

情况2：CEO选择把企业所面临的情况真实地报告给董事会。一方面，在听取了CEO的报告后，董事会成员将根据自己的知识和社会资源提供相应的建议，甚至提供管理能力上的帮助（$a\in(0,1)$），从而使得事后出现好结局的概率提高为（$e+a$）$\in[e,1]$。另一方面，也暴露了CEO自身能力的不足。这不仅会

---

① Adams and Ferreira（2007）的一个重要假定是董事会独立性越强，董事监督的边际成本越低。也就是说该文认为社会关系会降低董事的监督能力。显然，这是不符合事实的，社会关系的存在使得彼此更了解对方，应该更容易低成本监督，至少不会降低他们的监督能力。现实中，社会关系直接影响的是行为人的意愿而不是能力。

影响他在企业中的权威和地位，而且其职权范围和薪酬也可能被缩减，甚至丢掉自己 CEO 的职位，哪怕企业最终得到的是一个好结局，因为他在这个过程中所发挥的作用只有 $e/e+a$（<1）。此时，CEO 收益仍然分为两部分，股份收益和在位的私人收益，前者不论是否离任都会享有，而后者取决于离任的可能性大小。由于是 CEO 自愿报告信息，与 CEO 有关系的董事会出面求情或直接做出偏袒低能力 CEO 的决策，这里使用 $\gamma \in [0, 1]$ 表示董事会对低能力 CEO 的容忍程度，$1-\gamma$ 则表示惩罚力度，那么 CEO 主动汇报信息而得以留任的可能性则为 $\gamma(1-m)$。γ 表示 CEO－独立董事社会关系越强（董事会独立性越差）CEO 离职的可能性越低，而（$1-m$）表示 CEO 越是出于自愿而汇报信息越容易留任，这是因为 CEO 被逼迫而汇报信息的可能性与董事监督意愿 m 正相关。

不考虑董事会选择终止企业的情况，那么 CEO 在这种情况中的效用可描述为：

$$U_{C2} = q(\theta\pi + b) + (1-q)[(e+a)\theta\pi - (1-e-a)\theta l + \gamma(1-m)b] \tag{3-3}$$

此时，股东的期望价值可描述为：

$$V_2 = (1-\theta)q\pi + (1-\theta)(1-q)[(e+a)\pi - (1-e-a)l] \tag{3-4}$$

注意，除了董事会的监督意愿 m 之外，关系的存在还直接影响了董事会对 CEO 的惩罚力度 $1-\gamma$。这可能体现在以下几个方面：（1）董事会对 CEO 薪酬的处罚性安排的强度；（2）CEO 的聘用合同中所规定的 CEO 被解聘条款的松紧；（3）董事会人员构成或者文化对 CEO 的友善程度。就董事会而言，其监督性质可能体现在非执行董事，尤其是独立董事的比例，所以独立董事与 CEO 是否具有社会关系对于董事会的监督至关重要。显然，监督意愿 m 和惩罚力度 $1-\gamma$ 都是 CEO－独立董事社会关系强度的减函数，但为了简化分析，这里不讨论它们的具体函数形式。假定 CEO 在经理人市场上的保留收益为 $\underline{U}$。

现在，可以将股东选择董事会和 CEO 治理制度的策略行为描述为：

$$\begin{aligned} \underset{\theta,m,\gamma,e}{Max} V_2 &= (1-\theta)q\pi + (1-\theta)(1-q)[(e+a)\pi - (1-e-a)l] \\ \text{s.t.}\ (IR)\ U_{C2} &\geq \underline{U} \\ (IC)\ U_{C2} - U_{C1} &\geq 0 \end{aligned} \tag{3-5}$$

以上模型中，一个显然的结论是：$V_2 - V_1 > 0$，即 CEO 及时地向董事会报告并获得董事会的建议，改善决策和处置措施，有利于提高公司价值或者减少损失（Adams and Ferreira，2007）。所以董事会的目标是 V_2 最大化。为了使 V_2 而不是 V_1 最大化，必须满足 CEO 的参与约束（$U_{C2} \geq \underline{U}$）和激励相容约束 $U_{C2} - U_{C1} \geq 0$。

3.3 理论命题

模型构建过程中，已经清晰的体现出社会关系对 CEO 汇报信息、董事监督和建议、CEO 任免和薪酬、公司绩效表现等方面的可能影响。为了进一步论证它们之间的数量关系，需要对模型进行求解。由于 $V_2 - V_1 > 0$，而 V_2 的大小与这里探讨的主要变量 m 和 γ 都不直接相关，鉴于此，下面将主要考察什么样的董事会环境有利于 V_2 这一局面的出现，而不是求解 V_2 的具体数值。同时，假定经理人市场竞争使得 $U_{C2} \geqslant \underline{U}$ 总能成立。因此，分析的重点转为如何满足 CEO 的激励相容约束 $U_{C2} - U_{C1} \geqslant 0$，即讨论什么样的条件下 CEO 会主动报告公司信息。

为了简化数学分析，进一步假设 $\pi = 0$，这只是一种标准化的处理，不会影响主要结论。令 $\Delta U = U_{C2} - U_{C1}$，则运算化简可得：$\Delta U = (1-q)(1-m)(a\theta l + b\gamma - eb)$。$\Delta U$ 是 CEO 向董事会真实汇报信息的差额收益，该收益越大则汇报信息的可能性越大，相应的公司股东获得 V_2 收益的可能性也增大。所以，ΔU 的大小可以成为判断公司治理结构优劣的一个标准。

在这个模型中，董事会的特征体现在如下几个方面：可以提供给 CEO 的互补性知识和能力的水平 a，通过薪酬、处置权的事前安排而对 CEO 所享受利益（θ，b）的格局产生影响，由于治理制度安排或者董事会人员构成，而对 CEO 事前监督意愿 m 和事后惩罚力度 $1-\gamma$。事实上，这也正是体现董事会与 CEO 之间治理关系的作用变量。为此，根据 ΔU 的表达式给出如下四个命题。

从探讨 CEO 薪酬结构的合理性开始分析。CEO 享有股权收益和在位收益，分别由参数 θ 和 b 所决定。ΔU 分别对 θ 和 b 求导可得：

$$\frac{\partial\ \Delta U}{\partial\ \theta} = (1-q)(1-m)al \tag{3-6}$$

$$\frac{\partial\ \Delta U}{\partial\ b} = (1-q)(1-m)(r-e) \tag{3-7}$$

显然（3-6）式大于0，说明 CEO 股权比例越高，他越倾向于如实地向董事会汇报信息，而且越是放松监督（$1-m$ 越大），CEO 持股的这种作用越明显（$\partial^2 \Delta U/\partial\theta\partial(1-m) = (1-q)al > 0$）。然而，（3-7）式的正负号难以判断，但显然，高能力的 CEO 为了保持在位收益而减少汇报信息（$\partial^2\Delta U/\partial b\partial e = -(1-q)(1-m) < 0$），这一点也可以通过$\partial\Delta U/\partial e = -b(1-q)(1-m) < 0$ 而直接发现。而且，由$\partial^2\Delta U/\partial b\partial\gamma = (1-q)(1-m) > 0$ 容易知道，增强高能力 CEO 的容忍程度，可以有效矫正隐藏信息的行为。

此外，还可以得到$\partial \Delta U/\partial a = (1-q)(1-m)\theta l > 0$，$\partial \Delta U/\partial l = (1-q)(1-m)a\theta > 0$，这证明董事会的建议能力越强（即$a$越大）或公司越需要董事会建议时（即$l$越大，公司越危急），CEO越倾向于汇报信息。而且，此时更应该降低事前的监督意愿，因为$\partial^2 \Delta U/\partial a\partial(1-m) = (1-q)\theta l > 0$，$\partial^2 \Delta U/\partial l\partial(1-m) = (1-q)\theta a > 0$。

命题1：（1）CEO持股比例高的公司，可以配备一些与CEO有社会关系的灰色董事，降低他们的监督意愿；（2）对于高能力的CEO，可以削弱董事会独立性，降低不汇报CEO的惩罚力度；（3）董事会建议能力越强越，公司建议需求越大，则越应该放松事前监督，鼓励董事会友好，允许灰色董事的存在。

命题1给出了董事会最优独立性的选择的三个权衡取舍的条件。Hermalin and Weisbach（2012）认为公司信息披露不是越多越好，过多的信息披露会增加公司代理成本，并带来较高的高管更替率和高管薪酬。这说明董事会的友好性面临一个权衡，不仅是监督和建议的权衡，也是发挥最优建议功能本身的权衡。这里论述的CEO－独立董事社会关系就面临这样的权衡，例如CEO权益性收益越大，或者CEO能力越高，或者建议能力越强，再或者建议需求越大，那么越是需要社会关系的存在和建议功能的发挥。

董事会的最优构成固然重要，而这里更关心的是关系如何影响了董事的行为。为此，使用ΔU分别对$1-m$和γ求导，得到：

$$\frac{\partial \Delta U}{\partial (1-m)} = (1-q)(a\theta l + br - eb) \tag{3-8}$$

$$\frac{\partial \Delta U}{\partial r} = (1-q)(1-m)b \tag{3-9}$$

可以发现，（3－8）式结果比较复杂，不能直接判断符号，这也说明了并不是董事会的友好就能换来CEO的真实信息。友好程度增加则事前监督放松，即式中$(1-m)$增大，不一定必然带来ΔU的增大，甚至可能导致ΔU较小。所以，友好董事会理论虽然证明了为了获得信息应该保持友好，但忽视了其逆命题不一定成立的事实。这正是因为社会关系对董事的监督和建议行为同时产生了影响，降低了监督而增强了建议，分别表现为（3－8）式的eb和$a\theta l$两项，eb系数为负，是因为汇报信息将面临被解雇而失去私人收益的风险。此外，通过（3－8）式还容易发现，社会关系对CEO汇报信息的边际影响，取决于其与其他变量的交互作用，这一点已经在命题1中做了阐述，不再赘述。

命题2：董事与CEO的社会关系：（1）不一定必然带来CEO如实报告信息，即社会关系对公司绩效的影响是双向的不确定的；（2）但确实降低了监督而增强了建议。

（3－9）式的符号显然为正，即事后的惩罚力度越小越好。这说明了社会关系的作用在事前的监督和事中的建议中面临权衡取舍，而在事后只起到积极作用，尤其是 CEO 在位收益 b 较大时（$\partial^2\Delta U/\partial r\partial b=(1-q)(1-m)>0$）。所以降低事后惩罚总是好的，而且$\partial^2\Delta U/\partial r\partial(1-m)=(1-q)b>0$，即事前监督越放松越应该同步减轻事后的惩罚。这是因为不好的事情既已发生，加强事后惩罚已无济于事，不如增加宽恕以换取 CEO 的事前信息汇报。这一论点，与友好董事会理论不谋而合。

命题 3：事后惩罚力度越小越好，尤其是对于 CEO 在位收益较高或者事前监督较为放松的情形。

对于董事会和公司治理的研究，一般假定董事会是股东权益的代表，来监督制衡 CEO 为代表的经理层，并为之提供必要的决策建议。独立董事的作用和董事会的独立性，也主要是相对于经理层而言的。因此，这里的社会关系主要是指 CEO－独立董事社会关系。然而，在我国一股独大现象显著，大股东掏空问题严重，独立董事相对大股东，保持独立性对中小股东的保护极为重要，因而研究大股东和独立董事的社会关系也很有必要。为此，这里进一步对大股东－独立董事社会关系进行了拓展研究。

为简化分析，仍然使用上面的模型，仅做如下两点变更：第一，现实中 CEO 往往是大股东的委派代表，CEO－独立董事社会关系的论断依然适用于大股东－独立董事社会关系。但为了丰富研究内容，我们假定 CEO 本身是中小股东或是中小股东的代表，持股或代表股份为 θ。第二，大股东－独立董事社会关系在博弈分析中的两点体现——事前监督意愿 m、事后惩罚力度 $1-\gamma$ 都是关系强度的增函数（前文中是减函数），即独立董事与大股东越亲密则越会增大对 CEO 的监督和惩罚。

上面的模型推导过程依然成立，CEO 汇报信息的差额收益依然是 $\Delta U=(1-q)(1-m)(a\theta l+b\gamma-eb)$。$\Delta U$ 先对 m，进而再对 θ 求导得到：

$$\frac{\partial\Delta U}{\partial m}=(1-q)(eb-a\theta l-b\gamma) \qquad (3-10)$$

$$\frac{\partial^2\Delta U}{\partial\theta\partial m}=-al(1-q) \qquad (3-11)$$

（3－10）式符号不能直接判断，说明大股东－独立董事的社会关系虽然会增大事前监督，但不能直接导致 CEO 如实汇报信息，即不能有效解决内部人控制问题，这与 Shleifer（1986）提出的大股东可以克服小股东搭便车现象而有效监督经理人的观点并不一致。同时，可以发现 CEO 所代表的中小股权越大，越有利于

CEO 上报信息而增进股东利益（$\partial \Delta U/\partial \theta > 0$），但这一增进效应随着大股东-独立董事社会关系的强度而递减（$\partial^2 \Delta U/\partial \theta \partial m < 0$），说明因为这一关系而加强监督损害了中小股东的利益。而且董事会建议能力越强（a 越大），该损害愈明显。

命题4：大股东与独立董事社会关系的存在：（1）不能有效解决内部人控制问题（即第一类代理问题）；（2）加剧了大股东对中小股东利益掏空（即第二类代理问题）。

3.4 本章小结

关系是中国社会文化的重要特征，它会对投资决策、资产价格以及公司治理等产生重大影响（陆蓉和邹富，2012），并且关系型治理是我国企业（尤其是家族企业）的重要治理方式（皮建才，2009）。那么，社会关系对我国董事会带来哪种影响，又如何评价、改善和优化我国董事会制度？回答这个问题，不仅可以推动董事会的学术研究，而且可以为我国公司治理的政策提供一定的参考依据。

本书理论模型的构造以董事会监督和建议功能为逻辑起点，构建了一个股东、董事会和 CEO 之间的三阶段博弈模型。研究发现灰色关系在公司治理的不同方面会有不同的影响。具体结论是：（1）最优董事会独立性的选择受到 CEO 持股比例、董事会建议能力、公司建议需求、CEO 能力等因素的影响；（2）社会关系降低了监督而增强了建议；（3）社会关系对公司绩效的影响是不确定的；（4）大股东与独立董事社会关系的存在，不仅不能克服第一类代理问题，反而加剧了第二类代理问题，损害了中小股东利益。我们引申的政策建议是，对于独立董事的设置不能仅考虑金钱和家族上的独立性，还要考虑老乡、校友、同事等私人社会关系，这影响了公司治理的社会决策基础。而且，对于这些社会关系不能“一刀切”式的否定，而要区别对待：对于 CEO-独立董事社会关系，当 CEO 能力强或者持股比例高时，以及公司对建议需求强烈时，可以适度保留；而对于大股东-独立董事社会关系，要一概去除。

本书的一个研究不足体现在：没有对集体决策过程进行建模。社会关系影响行为人的偏好和效用函数，进而影响行为人的具体行为和集体决策的结果。虽然在本书第二章中做出了评述，并使用理论模型做了论证，然而董事会是合议制的组织，没有给出个体社会关系对群体决策机制的作用原理。展望未来，我们有理由相信，集体决策机制是未来灰色董事研究的重要内容，会有更多的学者做出更好的论证和分析。

第四章　实证设计

4.1　研究样本

这里以2006—2011年深交所中小板上市公司为研究样本，剔除了金融类公司和样本期间被ST的公司，并删除了数据严重缺失的样本。之所以选择中小板企业是因为：第一，中小板上市公司以发展活力和潜力较大的中小企业为主，并且大都是民营企业。第二，我国市场经济的高速发展，民营上市公司在证券市场中的比重不断上升，是我国未来经济发展的主力军。第三，国有性质的上市公司董事选聘制度和董事行为带有明显的行政色彩和政治关联性，党委会和职工代表大会等分解了董事会和独立董事的一些功能，而民营上市公司的运作更加市场化，深入探讨民营上市公司的独立董事与绩效之间的关系，也许更能真正地理解独立董事制度和董事会的功能。第四，选择了民营企业和中小企业为主体的中小板，只是为了专注于董事会制度的研究，但并没有放弃对国有企业的分析，文中也是用企业性质虚拟变量和分样本回归等方法，对国企董事会的一般性和特殊性做了检验。

针对下文不同的计量模型，分别做了进一步的样本筛选。独立董事和高管的个人简历信息通过公司年报、国泰安数据库和百度百科手工搜集，其他数据来自国泰安和公司年报。

4.2　社会关系的识别

社会关系的量化是对灰色董事各类问题进行实证分析的前提。Westphal

(1999)、Chidambaran 等(2011)人为假定 CEO 任期内上任的独立董事都是灰色的，进而使用这些董事的比例来检验社会关系对公司治理的各种影响。很多社会学的文献，通过问卷调查来识别个体间社会关系的存在和强弱（Uzzi，1996；Westphal 等，2006)。当前灰色董事的研究更多的是通过董事和 CEO 的个体数据来识别社会关系。Hwang and Kim(2009)通过校友、老乡、服兵役、专业和行业背景五个方面刻画 CEO 和董事之间的共同经历和相似品质，来衡量社会关系的存在。Kramarzy and Thesmar(2013)、Nguyen(2011)根据法国的特征，从精英院校毕业和公务员经历两方面来衡量董事和 CEO 的社会关系。Hoitash(2011)刻画了独立董事与内部董事的社会关系，并使用是否在共同在第三方公司担任董事来衡量这种社会关系。Fracassi and Tate(2012)使用现在的工作、过去的工作经历、毕业院校和其他组织四个维度来识别和量化了这一社会关系。Liu(2010)区分了内部关系和外部关系，并使用关系网络的图论方法从共同工作经历的角度对两种关系进行了量化。相比国外，国内仍然没有量化独立董事灰色性质的相关研究，只从教育水平、政治背景、行业背景、财务背景等个体特征来检验独立董事对公司治理的各种效果（魏刚等，2007；陈伟民，2009)。我们综合以上文献做法，并根据中国国情，选择老乡、校友、共同工作经历三个指标来衡量独立董事和 CEO 的社会关系①，并使用是否具有社会关系、社会关系的类型和社会关系的数量等多种方法来量化关系的强度。

社会关系是指社会中人与人之间关系的总称。我们分析的是独立董事和 CEO 个体间的社会关系，现实中二者往往存在多样的关系，他们可能同时在其他公司担任董事，也可能过去一同工作，或者可能在工作外相互关联。社会关系是复杂多样的，但我们选择从老乡（Native)、校友（Alumni）和共同工作经历（Fellow）三个方面进行识别。一是因为这三种关系在我国具有特殊重要性和普遍性，二是因为数据的复杂性不可能做到面面俱到，三是因为忽略其他社会关系（如参与了共同的慈善、娱乐、宗教等社会组织）不会太大的影响独立董事的任命及其任职期间的独立性（Fracassi and Tate，2012)，把一切社会关系的存在都进行识别会泛化研究内容，走入另一个极端②。具体的，我们利用中小板 2007—2009 年企业数据，筛选出 2007—2009 年任职到期的独立董事名单以及这些独立董事所在公司名

① 对于大股东和独立董事的关系衡量，也采用了相似的方法，详见本书第 8 章。

② 正如 Granovetter(1985)所言，对行为人社会嵌入的分析，既不能低度社会化也不能过度社会化。

称，并通过公司名称查找这些独立董事所对应的 CEO①，进而使用 CEO 和董事们的个人简历信息手工识别 CEO－独立董事社会关系。

“老乡”是西方文献很少使用的衡量社会关系的指标，但在中国儒家文化的人情社会里却特别重要。我们逐一识别了 CEO 和独立董事的家乡（出生地），并具体到地级市（或直辖市）层面。二者家乡属于同一市的视为老乡。由于数据的可得性比较差，不能把所有人的籍贯具体到地级市。因此，对少数缺漏值做了如下进一步处理：二者至少一人家乡信息没有具体到市，那么二者属于同一省（或自治区）并且至少有一人工作地不在该省的②，视为老乡。

校友关系是当前企业界的重要人际关系，中国校友会网发布的《2012 中国大学杰出校友排行榜》显示，改革开放以来中国大学造就了1500 多名成功企业家和亿万富豪。社会学家认为，血缘、乡缘、业缘和学缘关系是人的四种主要社会关系。最近几年，同学会、校友会之类的活动层出不穷，越来越多的人认识到“同学就是生产力”，学缘关系的价值正在不断被挖掘，并无限地发扬光大。“校友”也是灰色董事论述中使用较多的一种社会关系（Kramarzy and Thesmar，2013；Hwang and Kim，2009；Nguyen，2011；Fracassi and Tate，2012）。本书也采用了这一指标，逐一识别了 CEO 和独立董事的毕业院校信息，进行一一匹配。同时，有些独立董事的母校与 CEO 母校不一致，但却在 CEO 母校担任（过）教师，我们也把他们认定为校友。毕业时所获学位可能不同，本科、硕士、博士、MBA、海外留学等，我们没有对此做出具体区分。毕业时间和所学专业也可能不同，限于数据的可得性，这里也没有区分。虽然各位的毕业时间、专业以及毕业学位可能不同，但是只要他们有一个共同的心里归属——毕业院校，他们就会有共同的校友情结，而且各学校的校友会也会有组织地把他们这些精英聚拢。

使用“共同工作经历”来衡量社会关系，也是最常用最准确的方式之一（Kramarzy and Thesmar，2013；Hwang and Kim，2009；Nguyen，2011；Fracassi and Tate，2012）。我们在识别时又详细区分了四类工作经历：兼职或工作过的高校和科研机构；兼职或工作过的企业；兼职或工作过的行业协会、学会；兼职或工作过的政府、政协、人大、民主党派。四类工作经历分别考察他们的科研背景、工

---

① CEO 是企业最高的管理者（Top Executive），但是我国各公司的称谓不同，有些公司没有直接给出 CEO，但是不能否认该公司具有“CEO”的事实。因此，本书的识别方式是：按照 CEO、总裁、总经理的优先顺序来认定，并且做到每个公司有且只有一个 CEO。Chang and Wong（2009）在使用中国上市公司数据，分析 CEO 更替与绩效的关系时，也使用了相同的处理方式。

② 这样处理是为了让“老乡”更加精确，同一省又在该省工作的人之间未必有所谓的“老乡”之情。

作背景、行业背景、政治背景，比较全面地刻画了他们的工作经历。需要指出的是，“共同工作经历”不仅指同一单位的同事关系，也包括同一单位的上下级关系、单位之间的上下级关系以及政府企业间的管理关系，因为他们在工作中都有大量的接触和交往。

4.3 灰色董事、董事会独立性的界定

董事会的独立性是相对于经理层而言的。独立的董事会可以代表全体股东利益，客观公正地监管经理层使其为股东利益最大化服务。理论和实证文献，大都使用独立董事的多寡来体现董事会独立性的强弱，其逻辑假设是：由于独立董事在法律上必须满足与公司和高管在金钱及家族上的独立性，且他们大都是社会兼职和领取固定报酬的，使得他们在财务和人事等方面不依附于管理层，因此他们可以保持独立性。实际操作中，各国金融监管部门和上市公司，也大都采用增加独立董事的方式来提高董事会独立性①。然而，由于独立董事与经理层社会关系的存在，独立董事可能是名义独立而实际不独立的灰色董事。因此，我们要进一步识别和界定灰色董事和董事会独立性。

灰色董事，是指虽然符合有关法律规定的金钱和家族上的独立性，但与 CEO 存在社会关系的独立董事②。对灰色董事的研究，主要在于考察董事与 CEO 的社会关系的各种影响，如董事的任命、董事的监督和建议行为、CEO 的更替和报酬、公司绩效等。理论模型构建方面，关键在于如何在模型中体现这个社会关系的作用原理。实证检验方面，关键在于如何量化这一社会关系。

如前文所述，独立董事虽然在名义上都符合法律规定的任职条件，但实际上有很大一部分人与 CEO 有个人社会关联，是名义独立而实际不独立的灰色董事，为了研究独立董事的功用，有必要对名义独立性（Indep）和实际独立性（Indep_real）进行区分和量化。与以往文献相一致，这里使用独立董事占董事会的比例来衡量董事会名义独立性。参照 Hwang and Kim（2009）、Fracassi and Tate（2012）、刘诚等（2012）的做法，我们从老乡、校友和共同工作经历三个方面识

① 德国等少数国家设立监事会来负责监督董事会。

② 独立董事指不在公司担任除董事外的其他职务，并与其所受聘的上市公司及其主要股东之间不存在金钱和家族等可能妨碍其进行客观判断的关系的董事，而灰色董事表面上或依法律上满足独立董事的要求，但其与公司高管存在社会关系，不满足严格意义上的独立性要求。

别独立董事和 CEO 的社会关系①，把至少存在三者之一的独立董事认定为灰色董事，然后把董事会实际独立性界定为：

实际独立性 =（独立董事人数 — 灰色董事人数）/ 董事会人数。

4.4 理论命题与计量检验的对应

综合理论模型的 4 个命题，可以得到 4 个核心观点：1）最优董事会独立性的选择受到 CEO 持股比例、董事会建议能力、公司建议需求、CEO 能力等因素的影响；2）关系的取舍要董事会监督和建议功能，它降低了监督而增强了建议；3）董事与 CEO 的社会关系不必然带来 CEO 如实报告信息，即社会关系对公司绩效的影响是不确定的。事前激励和公司治理设计已经结束，公司投资决策已经做出而且确实遇到了危机冲击之时，社会关系带来的宽容会促使 CEO 汇报信息进而改善公司绩效，即危机时刻关系会提升公司绩效；4）大股东与独立董事社会关系的存在，不仅不能克服第一类代理问题，反而加剧了第二类代理问题，损害了中小股东利益。

理论模型的第一个观点认为，最优董事会独立性的选择，或者说 CEO - 独立董事社会关系的最优数量，受到 CEO 持股比例、董事会建议能力、公司建议需求、CEO 能力等因素的影响。也就是说，CEO - 独立董事社会关系不是越少越好，也不是越多越好，它面临一个权衡。具体而言，CEO 权益性收益越大，或者 CEO 能力越高，或者建议能力越强，再或者建议需求越大，那么越是需要社会关系的存在。然而，这是理论推导的结果，而理论上的最优策略未必是公司治理的现实做法，并且找寻最优董事会构成的多样影响因素不是本书的主旨所在，所以，我们把检验的命题退化为“社会关系如何影响了独立董事的任命”。

本书的第二个核心观点提出，关系的取舍要董事会监督和建议功能，它降低了监督而增强了建议。但是在实证检验中，董事的具体行为是不可观测的，必须采用迂回策略。具体的，我们从监督表现（CEO 更替业绩敏感性）的视角，检验社会关系对监督行为的影响；从建议需求的角度出发，检验公司建议需求多少与灰色董事数量之间的相关性，进而判断社会关系对建议行为的影响。

第三个观点提出，社会关系对公司绩效的影响是不确定的，而在危机时刻关系可以显著提高公司绩效。这一点通过公司绩效对关系做回归，并根据公司绩效

① 使用这三种关系是因为它们在我国具有特殊重要性和普遍性。忽略其他社会关系，一是因为数据可得性较差，二是因为把一切社会关系都量化识别会带来过度社会化的问题（Granovetter，1985）。

分样本做回归，很容易验证。绝大多数评价董事会、独立董事效果的文章，都是使用公司绩效水平值来判断的。对此，我们做了重大拓展，进一步检验了关系对公司绩效波动的影响。研究发现，独立董事降低了公司绩效波动，而社会关系的存在阻碍了这一作用的发挥。这一结论是符合经济直觉的，与理论模型的第三个观点也是逻辑一致的。

区别于对公司治理研究以公司绩效为唯一标准的文献做法，文章第四个主要观点落脚在中小股东保护问题上。该观点分为两部分，大股东与独立董事社会关系的存在，不能克服第一类代理问题，反而加剧了第二类代理问题。显然，后者是本书研究的一个重点。为了保持前后文的主题一致，我们实证检验了大股东—独立董事社会关系与中小股东保护的影响。并且，本章侧重了社会关系与声誉的比较研究，综合检验了大股东—独立董事社会关系、独立董事声誉对中小股东保护的影响。

需要说明的是，内生性问题是董事会研究的一大难点，本书第一个实证分析就是检验了董事会构成是如何内生的，之后的几个实证分析，分别通过样本匹配、工具变量、事件研究、动态面板、两阶段最小二乘等方法处理了内生性问题。

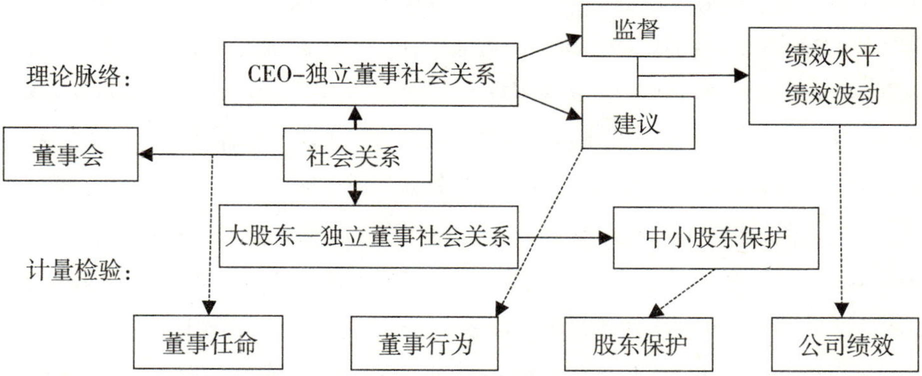

图 4－1 理论命题与计量检验的对应

第五章　独立董事的任命

本书理论模型的第一个观点认为，最优董事会独立性的选择，或者说 CEO－独立董事社会关系的最优数量，受到 CEO 持股比例、董事会建议能力、公司建议需求、CEO 能力等因素的影响。也就是说，CEO－独立董事社会关系不是越少越好，也不是越多越好，它面临一个权衡。具体而言，CEO 权益性收益越大，或者 CEO 能力越高，或者建议能力越强，再或者建议需求越大，那么越是需要社会关系的存在。然而，这是理论推导的结果，而理论上的最优策略未必是公司治理的现实做法，并且找寻最优董事会构成的多样影响因素不是本书的主旨所在，所以，我们把检验的命题退化为“社会关系如何影响了独立董事的任命”。

独立董事的来源在很大程度上决定了其作用的有效性，而独立董事选择过程的不可观测性使得独立董事的选择机制一直被忽视（曹廷求等，2012）。友好董事会和灰色董事理论的一些研究，较好地解释了社会关系的价值和作用原理［例如 Adams and Ferreira（2007），Lee and Persson（2011）］，但是它们没有说明灰色董事是如何生成的，可能是出于股东利益最大化的目的而设计的，也可能是 CEO 有意选择了利于自身利益最大的“友好董事”，因此我们首先通过独立董事任命问题来分析社会关系的作用，即本章通过研究独立董事任命，直面董事会内生性和独立性问题，深化前文的理论研究，并为下文的实证检验做一些基础性的试探工作。

5.1　董事会构成

董事会是连接股东和管理层的纽带，是公司治理的重要组成部分。完善董事会建设对提高中国上市公司的治理水平具有重要意义。然而，董事会研究面临两个困难：第一，董事会构成是内生的。它的规模和构成取决于公司绩效、管理层权力、董事个人特征等因素（Hermalin and Weisbach，1998、2003；Adams 等，2010）；第二，董事会独立性的衡量和选择是困难的。董事会相对于管理层的独立性利于董事会对管理层的监督，而不利于其建议功能的发挥，独立性的选择面临对监督和建议两种职能的权衡（Adams and Ferreira，2007；杨其静和杨继东，2008）。CEO 倾向于任命对自己友好的董事会成员或其经理人员，已成为很多学者默认的共识。Shivdasani and Yermack（1997）发现那些被 CEO 提名和招募的董事会成员，很难对 CEO 形成有效的监督。Landier 等（2005）也认为如果早于现任 CEO 加入公司的高管比例越高，高管人员的独立性越强，越能够有效地约束 CEO 的集权。我们试图从社会关系角度，从董事个体任命的微观数据上，找寻直接的证据，并探讨 CEO 这一倾向的动机是谋取私利还是为了董事会建议功能的发挥。

5.1.1 董事会内生性

在研究董事会对公司绩效影响的过程中，通常涉及董事会内生性问题，现有文献大都承认内生性，然后使用各种计量方法去弥补内生性可能产生的后果。常见的方式是使用董事的突然死亡和离职以及 SOX 法案的实施作为外生事件，使用事件研究、IV、DID 等计量方法来处理内生性（Nguyen and Nielsen，2010；Fracassi and Tate，2012；Duchin 等，2010）。然而这种方式对研究样本、外生事件以及计量方法的选择具有很强的依赖性，并且即便在计量上控制了内生性问题，也不能解释董事会构成内生性的根源。我们认为，董事会内生性的分析必须回归到董事的任命问题上。直面董事任命问题，既可以摆脱董事会构成和公司绩效关系的互为因果的计量难题，破解董事会内生性问题，又可以洞察董事会构成的决定力量，探寻董事会内生性的根源。

Hermalin and Weisbach（2003），Adams 等（2010）对董事会内生性问题进行了详尽阐释，认为现有董事会的研究主要分为三个方面：董事会构成（董事特征）如何影响董事会行为，董事会行为如何影响公司绩效，公司绩效如何影响董事会构成。不管研究哪个问题，总是绕不开联立内生性问题。因此，董事会的理论研究因内生性问题而举步维艰，现有研究主要集中在实证分析，而实证分析的好坏，很大程度上取决于如何利用计量方法处理内生性。Drakos and Bekiris（2010）使用希腊 2000—2006 年 1409 家公司年度面板数据，使用联立方程方法，检验了董事会结构与公司绩效的关系。但是限于联立方程方法本身对于处理内生性问题的局限性，以及方程组涉及的变量多样性和复杂性，该方法的可信度值得怀疑。Nguyen and Nielsen（2010）在研究董事会独立性的价值时，使用独立董事死亡事件作为外生事件，运用严格定义和筛选的突然死亡的279个样本，进行事件研究，证实了独立董事利于股东价值。与之相似的是，张俊生和曾亚敏（2010）检验了独立董事辞职事件的超额累计回报率；叶康涛等（2011）分析了独立董事个体特征对其发表异议的影响，进而检验了独立董事发表异议对公司绩效的影响；Fracassi and Tate（2012）用董事的死亡和退休作外生事件来处理内生性，考察了董事和CEO的社会关系对董事会行为以及公司绩效的影响。Duchin等（2010）选择SOX法案的实施作为外生事件，使用“是否服从SOX法案”作为工具变量，证实了外部董事的信息成本是其效率的关键。利用外生事件做事件研究、IV、DID、2sls、断点回归等计量研究，是现代计量经济学处理内生性的有效方法，但是事件的选择往往具有随意性，即使事件的发生与被解释变量无关，也很难排除事件与残差项相关的可能，即不能排除事件通过其他渠道而不仅仅是主要解释变量而影响到了被解释变量。

总之，现有研究大都是承认内生性，然后想方设法去弥补内生性可能产生的后果。我们把董事会内生性的问题回归到董事的任命问题上，研究董事会是如何“内生”的，从源头上考察董事会的构成。同时，这里也着重分析了内生的董事会的独立性。

5.1.2 独立董事的任命

要研究董事会内生构成和独立性的决定，就要研究独立董事的任命，就要回答：什么力量决定了独立董事的任命。Hermalin and Weisbach（1988）最早认识到董事会构成的重要性，并实证检验了CEO继任和公司绩效对董事会构成的影响。研究发现，公司绩效较差时独立董事任命增多。他们认为董事会构成和独立性是董事会和CEO谈判的结果，而CEO的谈判力来自于其相对于潜在继任者的能力。Avery等（1998）发现，追求并购的CEO们更倾向于增加外部董事。我国学者从独立董事任职绩效、发表异议、说“不”、企业性质等方面实证检验了独立董事的任职问题。陈艳（2008）认为，独立董事所任职的上市公司业绩增长，会使独立董事未来获得新职位的可能性增加，而公开发表异议会使独立董事未来获得新职位的可能性减少。唐雪松等（2010）证实了说“不”会导致独立董事离职率上升。余玮（2011）研究了不同性质的企业董事背景的差异，认为国有企业董事缺少专业知识而富有政府背景。

现有研究给出了独立董事构成的众多影响因素：CEO权力、任职期间的公司绩效、发表异议、董事个人特征等。但是我们更关注的一个因素是：董事和CEO的社会关系。国外也有一些文献关注社会关系对董事和高管任命的影响。如Zajac and Westphal（1996）、Fracassi and Tate（2012）研究发现，企业中CEO权力越大，越倾向选择过去与自己在其他公司友好交往的董事。Steen（2005）证明领导会选择与自己信念一致的雇员，并且这样做对企业是有利的。Kim and Lu（2011）认为萨班斯法案实施后，CEO 倾向于雇佣与自己有关系的其他管理高层。然而，这些文献的研究样本限于公司层面，把公司的灰色董事的比例作为被解释变量。这是因为，独立董事的任命的实证分析，只能看到被任命的独立董事却看不到被拒绝的潜在独立董事候选人。为寻找一个合理有效的独立董事候选人市场，我们将样本限于任职期满的独立董事，把独立董事任命问题放到董事个体层面来分析，考察他们是否被再次任命（连任）的影响因素。

5.1.3　社会关系与独立董事的任命

关于董事会独立性问题，虽然世界各国金融政策部门相继通过立法提高独立董事比重，学术界仍然没有得出确切的董事会独立性会提高公司绩效的理论和经验证据（Bhagat and Black，2001；Drakos and Bekiris，2010）。理论与现实的这一矛盾，除了引发了人们对现实金融政策合理性的批判之外，学术界也在努力反思理论研究的准确性。因而涌现出了一批灰色董事①的文献，它们认为用独立董事占董事会的比例来代表董事会独立性的做法不够科学，它忽视了公司高层决策制定的社会过程，例如成员之间具有友好社会关系或相似社会背景更容易对模棱两可的问题达成一致，CEO－独立董事社会关系使得独立董事难以保持客观独立，董事会独立性的量化必须从独立董事中识别和剥离这些灰色董事（Hwang and Kim，2009；Stevenson and Radin，2009；Nguyen，2011；Fracassi and Tate，2012）。因此，董事会独立性的分析必须回归到独立董事的独立性的本质，必须考虑 CEO－独立董事社会关系的存在及其影响。

综合董事会内生性和独立性的文献成果，本章关注独立董事的任命问题。通过分析董事任命问题，阐释董事会是如何内生决定的，尤其要分析社会关系在独立董事任命过程中的作用。本章检验的一个核心命题是：CEO 是否倾向于任命与自己具有社会关系的独立董事，是否 CEO 权力越大，该现象越明显②。董事会独

---

① Fracassi and Tate（2012）认为，灰色董事（Gray Director）是指与管理层存在社会关系，名义上独立实际上不独立的独立董事。

② CEO 和董事会谈判力的相对大小决定了董事任命（Hermalin and Weisbach，1998；Fracassi and Tate，2012），因此董事长－独立董事社会关系、CEO－独立董事社会关系都会影响独立董事的任命。但是前者不影响独立董事的独立性，本书承接灰色董事的文献成果，选择研究了 CEO－独立董事社会关系。同时，如果 CEO 倾向于任命与自己有关系的独立董事，那么 CEO 权力越大其在董事选举中实现该意愿的可能性越大。

立性的选择是董事会内生构成的一部分，董事会构成之后其独立性也就内生决定了。所以，本章可以进一步分析社会关系是否影响了董事会独立性。如果 CEO－独立董事社会关系的存在，使得具有社会关系的人更容易被任命，他们在任命后的实际行为也就难以保持独立（Kramarzy and Thesmar，2013；Hwang and Kim，2009），因此，社会关系通过董事任命过程就会影响董事会独立性。然而，由于 CEO－独立董事社会关系有利于董事会建议功能的发挥，任命具有社会关系的独立董事也可能是董事会（甚至是 CEO），出于公司价值最大化的目的而为之。如果是这个原因，社会关系并不影响董事会的独立性，即便影响了也是董事会最优独立性选择的需要。为此，要检验的另一个核心命题是：任命具有社会关系的独立董事是否提升了董事会的建议功能。

董事会的内生构成问题必须回到董事任命问题上来研究，通过董事的任命，来看到底是什么因素导致了公司选择了什么样的董事。由于独立董事任命的实证分析，只能看到被任命的独立董事却看不到被拒绝的潜在独立董事候选人。为寻找一个合理有效的独立董事候选人市场，我们将样本限于任职期满的独立董事，考察他们是否被再次任命（连任）的影响因素。本章从老乡、校友和共同工作经历三个方面，手工识别了中小板企业 2007—2009 年任职期满的 600 个独立董事与其 CEO 的社会关系。在控制了独立董事人群的教育、声誉和公司的规模、实际控制人性质等变量后，分析了 CEO－独立董事社会关系对独立董事被再次任命（连任）的影响，得出了 CEO－独立董事社会关系利于独立董事连任的结论，并通过进一步分析，证实了其原因是 CEO 出于个人利益而不是建议功能的需求。

5.2 样本与研究设计

5.2.1 连任样本

在我国，独立董事任命与其独立性在很大程度上是相悖的。独立董事应由中小股东提名，而我国上市公司基本上是由 CEO、董事长以及董事等内部人提名和任命独立董事，部分独立董事碍于人情难以保持独立性，甚至成为上市公司寻租和利益交易的合法工具。因此，对独立董事的任命进行实证分析，检验各种因素的影响至关重要。为此，本章从个体层面检验 CEO－董事社会关系对独立董事任命的影响。然而由于现实中只能观察到被任命的独立董事，观测不到被拒绝的潜在独立董事候选人，因此研究样本难以容纳所有独立董事候选人。为此，本章将样本限于任职期满的独立董事，检验他们被再次任命（连任）的影响因素。本章使用2007—2009年中小板企业数据，这是因为中小板创立于2004年而独立董事任期一般为3年，2007年开始才有大批独立董事任职期满①，并且2008年和2009年到期的独立董事也不存在“连任时间不得超过六年”的法律限制。在剔除了当年新上市的公司、金融行业上市公司、ST公司和信息严重缺失的公司后，本章得到195家公司600个独立董事连任的研究样本，其中，2007年66家公司220个独立董事，2008年54家公司161个独立董事，2009年75家公司219个独立董事。独立董事和CEO的个人简历信息通过公司年报、国泰安数据库和百度百科手工搜集，其他数据来自国泰安和公司年报。

5.2.2　计量方程与变量定义

本书使用Logit模型，被解释变量为是否连任，主要解释变量为CEO－独立董事社会关系，包括是否有关系、关系类型和关系数量。考察社会关系对独立董事连任的影响。如果只是关系本身而不是其他因素促进了独立董事的连任，那么关系与CEO的权力必然存在交互效应，即CEO权力越大，灰色董事连任的可能性越大。CEO权力使用持股比例和两职合一来衡量。因此，本章的另一主要解释变量为CEO权力及其与社会关系的交互项。控制变量主要包括两类：独立董事个体层面和企业层面。个体层面包括年龄、性别、教育背景、声誉和政府背景，选取这五个变量是因为它们是当前我国学者对独立董事研究的主要考虑因素（魏刚等，2007；姜付秀等，2009；罗党论和唐清泉，2009；陈伟民，2009；周良和陈共荣，2011），并且本章借鉴周良和陈共荣（2011）的做法使用独立董事职称来衡量其声誉。公司层面包括实际控制人性质、企业规模、总资产净利润率、董事会结构、长期负债率和账面市值比等。同时本章控制了行业和时间效应。本章的基本计量方程如下：

$$p(\mathrm{Re}appo\ \mathrm{int}_{it}=1/X)=G(\beta_0+\beta_1\mathrm{Re}lationship_{it}+\beta_2 CEOpower_{it}+\beta_3\mathrm{Re}lationship_{it}\times CEOpower_{it}+Z) \quad (5-1)$$

其中，$G(x)=\exp(x)/[1+\exp(x)]$，Relationship表示CEO－独立董事社会关系，社会关系刻画如前文所示，在实际回归分析中，用是否有关系、关系数量以及关系类型来衡量。是否具有社会关系，老乡、校友和共同工作经历，若三者都没有社会关系，则取值为0，否则取值为1；社会关系的类型，采用一组

① 我国《指导意见》规定，独立董事任期届满前，无正当理由不得被免职。提前免职的，上市公司应将其作为特别披露事项予以披露。实际上提前免职的独立董事非常少。

虚拟变量，分别表示社会关系源自老乡、校友和共同工作经历；社会关系的数量，老乡、校友和共同工作经历三者存在社会关系的数量。我们的分析基于每一个独立董事和CEO的各种可能的关联上。然而，我们的结论并不依赖于这个关联集合上，使用是否具有社会关系、社会关系的类型和社会关系的数量三个方法，保证了全面性和准确性。CEOpower表示CEO权力，使用CEO持股比例来测度。Z是一系列控制变量，包括个人、公司层面以及行业和年份。

表5-1　　变量定义

变　量	名　称	定　义
被解释变量	是否连任（Reappoint）	独立董事连任则取1，否则取0
解释变量	是否有关系（Tie）	独立董事与CEO是否是老乡、校友或有共同工作经历，是则取1，否则取0
	老乡（Native）	独立董事与CEO是老乡则取1，否则取0
	校友（Alumni）	独立董事与CEO是校友则取1，否则取0
	共同工作经历（Fellow）	独立董事与CEO有共同工作经历则取1，否则取0
	关系数量（Ties）	Ties = Native + Alumni + Fellow
	CEO持股比例（Share）	CEO持股数/股本总数
	两职合一（Boss）	CEO与董事长为同一人则取1，否则取0
控制变量：个人层面	年龄（Age）	独立董事的年龄
	性别（Gender）	独立董事的性别，男=1，女=0
	教育背景（Education）	独立董事的最后学历：1=中专及中专以下，2=大专，3=本科，4=硕士研究生，5=博士研究生
	声誉（Title）	是否具有高级职称，是取1，否则取0
	政府背景（Government）	有取1，否则取0
控制变量：公司层面	实际控制人性质（State）	实际控制人①是政府则取1，否则取0
	规模（Size）	总资产的自然对数
	总资产净利润率（ROA）	净利润/总资产
	董事会结构（Board）	独立董事人数/董事人数
	长期负债率（Debt）	长期负债/总资产
	账面市值比（BM）	总资产/市场价值

① 参照刘芍佳等（2003）的研究，根据上市公司披露的终极控制人数据，将上市公司分为国有控股和非国有控股。这里把政府行政部门控制、事业机构控制、国有独资、国有控股的公司全部认定为政府最终控制。

5.2.3 描述统计

表5-2列出了社会关系、独立董事个体和公司三个方面主要变量的描述统计。我们识别的600个独立董事中，大部分人和CEO具有社会关系，占比52.8%。从三种具体关系类型来看，独立董事和CEO是老乡的占20.2%，是校友的占12.3%，彼此有共同工作经历的占27.7%。相比来看，具有共同工作经历这种社会关系的人最多，说明从工作中可以建立很多人脉。校友关系最少，可能原因是独立董事和CEO中很多人没有接受大学教育，这一点从独立董事教育水平也可以看出，独立董事平均教育水平为2.92，小于本科水平3。这些任职期满的独立董事62%可以连任，比例非常高。他们的平均年龄在52岁，平均教育水平接近大学本科，86%的人是男性，61%的人具有高级职称，21%的人具有政府背景，可见他们大都是能力素质较强、声誉威望较好的中青年男性。任职期满的独立董事所在的公司，大部分是非政府控制的，政府控制的只占23%，公司规模适中，平均资产17.25亿元，但是规模分布差异较大，资产规模最大的公司是最小的公司的87倍。从它们的公司治理来看，27%的公司董事长和CEO两职合一，CEO持有公司股份平均为6%，独立董事占董事会规模的比例平均为36%。资产净利润率平均为6%，长期负债率平均为36%，账面市值比平均为60%，公司间差异较大。为了进一步对比连任和非连任的独立董事的特征差异，这里做了分组描述统计，如表5-3所示。显然，CEO-独立董事社会关系具有显著差异，连任的独立董事具有较高的Tie和Ties均值，同时他们具有更多的政府背景，而年龄、性别、教育和声誉等特征区别不大。

表5-2 变量描述统计

	观察值	均 值	最小值	最大值
Panel a 社会关系				
Tie	600	0.528	0	1
Native	600	0.202	0	1
Alumni	600	0.123	0	1
Fellow	600	0.277	0	1
Ties	600	0.602	0	3
Panel b 任职期满的独立董事				
Reappoint	600	0.62	0	1
Age	600	51.76	31	82
Gender	600	0.86	0	1

续表

	观察值	均　值	最小值	最大值
Education	600	2.92	1	5
Title	600	0.61	0	1
Government	600	0.21	0	1
Panel c　任职期满的独立董事所在公司				
Share	569	0.06	0.00	0.69
Boss	600	0.27	0.00	1.00
State	591	0.23	0.00	1.00
Size	600	17.25	2.19	190.11
ROA	600	0.06	-0.06	0.39
Board	576	0.36	0.14	0.57
Debt	600	0.36	0.00	0.52
BM	600	0.60	0.10	1.23

表 5-3　分样本描述统计

	连任的独立董事样本（Reappoint=1）				未连任的独立董事样本（Reappoint=0）				Diff
	Obs	Mean	Min	Max	Obs	Mean	Min	Max	P 值
Tie	369	0.64	0	1	231	0.34	0	1	0.000
Ties	369	0.75	0	3	231	0.35	0	3	0.000
Age	369	51.69	32	79	231	51.85	31	82	0.571
Gender	369	0.87	0	1	231	0.86	0	1	0.364
Education	369	2.91	1	5	231	2.93	1	5	0.549
Title	369	0.62	0	1	231	0.59	0	1	0.309
Government	369	0.27	0	1	231	0.10	0	1	0.000

5.3　计量结果

5.3.1　社会关系与独立董事选择

首先，本章不加入 CEO 权力和任何控制变量，Reappoint 对社会关系进行回归，计量结果如表 5-4 所示。我们发现不论使用是否有关系、关系数量还是关系类型，社会关系对连任都有显著正影响，因为 Logit 模型的估计系数不好直接解释，通过计算比值比（Odds Ratio）得知，有关系比没有关系的独立董事连任的成功率可以增大2倍。然后，在模型（1）—（3）中加入了个人和公司特征变量，并使用年度和行业虚拟变量控制了时间和行业效应①，得到模型（4）—（6）。我们发现，加入控制变量后，Tie、Ties和关系类型依然保持了1%水平上的显著性，说明CEO－独立董事社会关系会显著提高独立董事的连任可能性。年龄、性别、教育和职称等常见的独立董事个人特征，并没有对独立董事连任产生显著影响，而政府背景可以显著促进其连任。公司层面来看，政府控制的公司其独立董事更容易连任，公司规模越大独立董事越少连任，其他公司特征对独立董事连任无显著影响。

表5－4　Reappoint对社会关系回归

被解释变量：Reappoint	模型（1）	模型（2）	模型（3）	模型（4）	模型（5）	模型（6）
Tie	1.252*** （0.18）			1.307*** （0.19）		
Ties		1.197*** （0.15）			1.249*** （0.17）	
Native			1.066*** （0.24）			0.965*** （0.29）
Alumni			0.848*** （0.27）			1.219*** （0.26）
Fellow			1.480*** （0.23）			1.422*** （0.25）
Age				－0.002 （0.01）	－0.001 （0.01）	－0.002 （0.01）
Gender				－0.064 （0.26）	－0.092 （0.27）	－0.084 （0.27）
Education				0.001 （0.07）	0.002 （0.07）	0.000 （0.07）
Title				0.074 （0.20）	0.056 （0.21）	0.075 （0.21）
Government				1.104*** （0.27）	1.076*** （0.28）	1.040*** （0.28）
State				0.947*** （0.26）	0.950*** （0.26）	0.941*** （0.26）
Size				－0.006* （0.003）	－0.007* （0.004）	－0.007* （0.004）

① 本书对于行业的划分，根据上市公司行业分类标准，并参照黄梅和夏新平（2009）的做法，制造业细分到次类，其他行业采用门类。

续表

被解释变量：Reappoint	模型(1)	模型(2)	模型(3)	模型(4)	模型(5)	模型(6)
ROA				-0.690 (1.98)	-1.021 (1.95)	-0.976 (1.92)
Board				0.027 (0.07)	0.036 (0.07)	0.037 (0.07)
Cons	-0.149 (0.12)	-0.178 (0.12)	-0.179 (0.12)	-1.063 (0.86)	-1.156 (0.87)	-1.098 (0.88)
行业	否	否	否	是	是	是
年份	否	否	否	是	是	是
N	600	600	600	576	576	576
Pseudo R2	0.066	0.082	0.086	0.138	0.152	0.154

注：括号中报告的是稳健标准误。"是"表示控制了相关变量。Pseudo R2 是伪 R 平方。*、**、***分别表示 10%、5%和 1%的显著性水平。

5.3.2 CEO 权力的影响

为了进一步理解社会关系促进连任的结论，本章引入 CEO 权力指标，CEO 权力越大则董事选择问题上谈判力越强（Hermalin and Weisbach，1998），有强势 CEO 的公司选择新董事的特点会反映出该 CEO 的偏好。那么，如果真的是社会关系促进了连任的话，则 CEO 权力越大，社会关系的这种促进作用则越强。本章使用 CEO 持股份额（Share）来代理 CEO 权力，它可以衡量 CEO 在公司内部的所有权力量，在实际决策中所有权可能并不直接影响公司决策，但是所有权越大，其隐性的决策影响力也越大（Finkelstein and Hambrick，1996）。在模型（1）—（3）中加入 CEO 持股份额及其与社会关系变量的交互项，如表 5-5 模型（7）—（9）。同时，为了简化篇幅，本章在模型（9）中只使用共同工作经历（Fellow）来代替关系类型。然后，在模型（7）—（9）基础上，本章控制了个人和公司特征变量，以及时间和行业效应，如表 5-5 模型（10）—（12）。CEO 持股份额中有部分 CEO 不持有公司股份，还有小部分 CEO 持股份额缺失，但这并不代表这部分 CEO 的权力为 0，而且 CEO 有没有权力不是我们的研究内容，这里着重分析的是不同的 CEO 权力分布对独立董事连任的影响，为此，本章把样本限制在 CEO 持股份额大于 0，这些样本里用 Share 可以合理地表现出他们 CEO 权力的相对大小。同时，删除了有关缺失值，并且为了控制极端值的影响，将所有指标均按上下 1%分位数进行截取。

表5-5　　Reappoint对社会关系和CEO权力的回归

被解释变量：Reappoint	模　型 (7)	模　型 (8)	模　型 (9)	模　型 (10)	模　型 (11)	模　型 (12)
Tie	0.825*** (0.18)			0.922*** (0.14)		
Share	-0.545 (1.13)	-0.237 (1.02)	0.339 (1.02)	-0.750 (1.09)	-0.383 (0.96)	0.672 (0.97)
Tie*Share	3.416*** (0.94)			3.576*** (1.00)		
Ties		0.849*** (0.15)			0.942*** (0.12)	
Ties*Share		2.272*** (0.75)			2.493*** (0.85)	
Fellow			1.069*** (0.25)			1.090*** (0.21)
Fellow*Share			2.905*** (1.09)			1.944** (0.86)
Age				0.017 (0.02)	0.017 (0.02)	0.013 (0.02)
Gender				-0.224 (0.15)	-0.198 (0.17)	-0.132 (0.17)
Education				0.096 (0.12)	0.084 (0.12)	0.076 (0.11)
Title				0.188 (0.30)	0.178 (0.30)	0.185 (0.31)
Government				1.412*** (0.34)	1.387*** (0.35)	1.183*** (0.27)
State				0.573 (0.52)	0.574 (0.52)	0.527 (0.47)
Size				-0.002 (0.005)	-0.002 (0.005)	-0.001 (0.005)
ROA				-3.006** (1.19)	-3.368*** (1.25)	-1.722 (1.20)
Board				3.154 (3.43)	3.184 (3.38)	1.632 (3.41)
Cons	-0.783*** (0.22)	-0.801*** (0.21)	-0.606*** (0.21)	-3.250*** (1.09)	-3.229*** (1.07)	-2.307** (1.06)
行业	否	否	否	是	是	是
年份	否	否	否	是	是	是
N	317	317	317	304	304	304
Pseudo R2	0.096	0.102	0.088	0.154	0.158	0.129

注：括号中报告的是稳健标准误。“是”表示控制了相关变量。Pseudo R2是伪R平方。*、**、***分别表示10%、5%和1%的显著性水平。

我们发现独立董事的连任并不是随机的，与CEO的社会关系会显著提高连任的可能，特别是在CEO比较强势的企业。模型（7）—（9）分别引入了CEO持股份额及其与社会关系的交互项，而持股份额对独立董事的连任影响不显著，即CEO权力不是影响独立董事任命的直接因素，因为独立董事的任命是政府法律和公司章程规定的，不是CEO出于个人意愿而招募的。但是CEO却可以选择让什么样的人进入（或者说连任）董事会，CEO会选择与自己有社会关系的人。（7）—（9）三个模型中，社会关系和CEO权力的交互项都是非常显著的，同时社会关系对连任的影响依然显著。模型（10）—（12）在模型（7）—（9）的基础上引入了关于个人和企业特征的控制变量，我们发现，独立董事的年龄、性别、教育以及声誉对其连任都没有显著影响，但是他们的政府背景有利于其连任。企业的规模、董事会结构和实际控制人性质对独立董事连任的影响不显著。然而，企业绩效ROA对独立董事连任有显著负的影响，即绩效越好的公司越倾向于从外部招聘独立董事，其可能的原因是较好的绩效未必是独立董事带来的，因而并没有增加独立董事个体留任的可能性，相反，绩效好的公司可能更倾向于随着市场环境和企业战略的变化而变更独立董事。当然，对这一结果的原因有待进一步研究。

5.3.3 社会关系与董事会独立性

社会关系利于董事任命的结论，可能有两种解释：第一，CEO主动选择了与自己有关系的独立董事，是CEO出于其与自身的关系而不是其他；第二，社会关系可能利于董事会建议功能的发挥（Adams and Ferreira，2007），因此也可能是股东、内部董事甚至是CEO出于股东利益最大化的需要，而去选择了与CEO有关系的独立董事。如果是第一种解释，CEO仅仅出于其与自身的关系而任命了灰色董事，那么这些董事在任命后必然难以做到对CEO客观独立的监督和建议，他们就是不独立的，董事会独立性的衡量必须考虑这些灰色董事的存在，不能简单地使用独立董事占董事会规模的比重来测度董事会独立性。如果是第二种解释，因为灰色董事具有良好的建议功能，股东、内部董事甚至是CEO出于股东利益最大化的需要而去选择了这些董事，那么这些灰色董事依然可以履行独立董事的建议和监督职责，并且可以更好地给CEO提供建议，因此他们的存在不影响董事会独立性，或者说此时适度削弱董事会独立性的做法是公司本身的需要。

为了检验这些灰色董事的连任是否因为董事会建议功能的需要，本章借鉴Linck等（2008）的做法，使用公司复杂性和成长性来衡量董事会建议功能的成本收益，其逻辑含义是：公司越复杂、成长性越高则董事建议的收益越高，但是信息成本也越大，而灰色董事与 CEO 的友好关系正好有利于建议和节省信息成本。因此如果是股东、内部董事甚至是 CEO 出于股东利益最大化的需要而去选择了灰色董事，那么公司复杂性和成长性越高则灰色董事连任的可能性越高。

我们使用长期负债率（Debt）来代表公司的复杂性（Fama and Jensen，1983；Booth and Deli，1999；Linck 等，2008），长期负债率越高公司越复杂，使用账面市值比（BM）来代表公司成长性（Smith and Watts，1992；Gaver and Gaver，1993；Linck 等，2008），账面市值越小公司成长越快。把长期负债率、账面市值比，及其与社会关系的交互项放入计量模型（10）—（12），计量结果如表 5-6。

表 5-6 Reappoint 对社会关系、CEO 权力和董事会建议功能的回归

被解释变量：Reappoint	模型（13）	模型（14）	模型（15）
Tie	-0.147 (0.60)		
Share	-0.727 (1.04)	-0.364 (0.89)	0.589 (0.96)
Tie * Share	3.690*** (0.94)		
Debt	-4.718*** (1.73)	-5.605*** (1.69)	-0.934 (2.34)
BM	0.176 (0.86)	0.241 (0.81)	0.184 (0.52)
Tie * Debt	4.597 (3.79)		
Tie * BM	1.630* (0.99)		
Ties		-0.021 (0.45)	
Ties * Share		2.537*** (0.78)	
Ties * Debt		5.054 (3.68)	
Ties * BM		1.499* (0.80)	
Fellow			-0.051 (0.37)
Fellow * Share			2.229*** (0.75)

续表

被解释变量：Reappoint	模型（13）	模型（14）	模型（15）
Fellow * Debt			0.554 （1.07）
Fellow * BM			2.049 * * * （0.59）
Cons	-3.166 * * （1.31）	-3.190 * * （1.29）	-2.373 * * （1.12）
个人特征	是	是	是
公司特征	是	是	是
行业	是	是	是
年份	是	是	是
N	304	304	304
Pseudo R2	0.164	0.170	0.134

注：括号中报告的是稳健标准误。“是”表示控制了相关变量。Pseudo R2 是伪 R 平方。*、* *、* * *分别表示 10%、5%和 1%的显著性水平。

加入公司复杂性和成长性，来衡量公司对灰色董事的内生需求，检验灰色董事更容易连任是因为 CEO - 独立董事关系本身，还是因为其在建议功能上的优势。通过模型（13）—（15），我们发现关系对连任的直接作用不再显著，但是关系与 CEO 权力的交互作用依然非常显著。长期负债（Debt）对连任的作用显著为负，但是 Debt 与社会关系的交互作用为正且不显著，说明公司越复杂越倾向于雇佣外部董事或更替独立董事，但是其目的不是为了找到有关系的独立董事来增强建议功能，因为如果是这个目的那它将更多的留任灰色董事。账面价值比（BM）与连任不存在直接关联，但是 BM 与社会关系的交互项（尤其是与共同工作经历）对连任有显著的正向作用，说明成长性差的公司倾向于留任灰色董事，但是依照第二种解释，成长性好的公司才需要更多的董事会建议需要更多的灰色董事。因此，通过公司复杂性和成长性刻画公司对董事会建议功能的需求，我们发现：虽然灰色董事具有沟通、信息交流的优势，可以更好地发挥董事会建议功能，但是他们的连任与此无关甚至负相关，是 CEO 出于个人利益而主动选择了与自己有关系的独立董事，这些董事是不独立的，他们的存在影响了董事会的独立性。

本章做了如下四个稳健性检验：第一，模型（1）—（15），使用 Probit 方法重新回归；第二，模型（1）—（6），使用公司层面的数据，被解释变量为公司任职到期独立董事的连任数量，解释变量为公司任职到期独立董事的社会关系的加总，并使用 Poisson 回归方法；第三，模型（7）—（15），选择两职合一（Boss）代替 CEO 持股份额（Share）来代理 CEO 权力；第四，模型（9）、（12）和（15），社会关系类型的衡量使用了老乡（Native）和校友（Alumni）。我们都得到了相似的结论。由于篇幅所限，这里不再报告具体结果。

5.4 本章小结

正如诺思（1990）所说："如果说经济体系通过创立相对有效率的制度来获得交易收益，那也只是因为在某些特定环境中，拥有改变制度之谈判力量的人为了达到其私人目的，而生成或演化出了一些具有社会效率的制度结果。"董事的任命和构成都是股东、董事和管理层为个人利益的博弈结果。出于股东利益最大化来综合考虑董事的监督和建议功能只是董事会构成的一方面（Linck 等，2008），而 CEO 在董事任命中的偏好对董事会的构成和独立性也都有显著影响。我们研究发现独立董事选举一定程度上是 CEO 为达到个人目的而有意任命或连任了与自己有社会关系的人，且 CEO 权势越大这一现象越明显。

CEO 倾向于任命灰色董事的结论，对现有文献董事会独立性的衡量方法提出了挑战。目前，学术界一致使用独立董事占董事会的比例来代表董事会独立性，这忽视了名义上独立实际上不独立的灰色董事问题。这是学术研究的权宜之计，但不是长效之举，不恰当的独立性指标所得的研究成果将大打折扣。为此，我们建议使用没有社会关系的独立董事所占董事会比重来衡量董事会独立性。同时，该结论还对我国独立董事制度具有一定的启示意义，我国灰色董事比例较高，而这些董事往往碍于人情或者基于与 CEO 合谋寻租的需要，难以保证其客观独立，对我国独立董事制度产生了擦边球式的破坏。因此，我们建议完善独立董事提名、选举制度，以及业绩考核制度，选举出真正独立的可以代表中小股东利益的高能力独立董事。

第六章　独立董事的行为

本书的第二个核心观点认为，关系的取舍需要董事会的监督和建议功能，它降低了监督而增强了建议。本章对此进行实证检验。董事的具体行为是不可观测的，在实证分析中必须采用迂回策略。具体的，我们从监督表现（CEO 更替业绩敏感性）的视角，检验社会关系对监督行为的影响；从建议需求的角度出发，检验公司建议需求多少与灰色董事数量之间的相关性，进而判断社会关系对建议行为的影响。

6.1　监督行为：监督表现的视角

由于独立董事的监督行为不可直接观测，只能通过监督结果反推监督行为。我们从监督表现的视角，检验社会关系是否降低了独立董事的监督结果，论证社会关系对监督行为的影响。具体的，我们使用 CEO 更替业绩敏感性来判断独立董事的监督结果，伊志宏等（2011）也采用了这一做法。

6.1.1　监督表现——CEO 更替业绩敏感性

之所以选择 CEO 更替业绩敏感性来代理董事的监督表现，是因为：第一，董事会的主要职责之一就是选任、监督和撤换 CEO（Mace，1971；Adams 等，2010）；第二，独立董事在评价和选择 CEO 中具有先天的优势，内部董事因其职业生涯与 CEO 联系密切而不会轻易更替 CEO（Hermalin and Weisbach，2003），而独立董事为维护自身社会声誉会罢免不称职的 CEO（Fama and Jensen，1983）；第三，我国现行公司法规中也突出强调了独立董事在 CEO 更替中的作用，例如《指导意见》明确规定独立董事必须对聘任和解聘高管发表独立意见，并且独立董事必须在董事会提名委员会、薪酬与考核委员会占多数并担任召集人。此外，在我国控制权市场缺乏且投资者保护低效的现状下，CEO 的合理聘任对公司治理更加重要，因而 CEO 更替的研究更有必要（Volpin，2002）。

董事会的一个重要功能就是撤换不称职的公司高管（CEO）。董事会对 CEO 更替决策应该以 CEO 能力为基础，即罢免低能力而选用高能力者。但由于信息不对称，董事会对 CEO 的评价主要基于公司绩效①。因此，CEO 更替对公司绩效的敏感性就成为体现公司治理水平的重要指标（Volpin，2002）。已有大量文献使用 CEO 离职样本检验独立董事对 CEO 更替业绩敏感性的影响，但是结论并不一致（Weisbach，1988；Kato and Long，2006；Jenter and Kanaan，2015）。本书区分了独立董事的名义独立和实际独立，试图更加合理地探究独立董事是否提高了 CEO 更替业绩敏感性，并以此评价社会关系是否影响了我国独立董事对公司治理的作用，为我国独立董事制度以及上市公司治理提供一定的政策参考。本章发现：实际独立董事确实能够有效监督和更换 CEO，而名义独立董事却对 CEO 起到了“保护伞”的作用。而且，CEO 被迫离职后公司绩效显著上升。这表明，董事会独立性建设要考虑社会关系对董事会独立性的影响。

6.1.2 文献评述与研究假说

代理理论认为，独立董事因其与经理层的独立性而具有较强的监督能力（Adams 等，2010）。Fama and Jensen（1983）认为，独立董事外部市场的存在使得他们有足够的激励保持其声誉，而声誉激励强化了独立董事对经理层的监督。Weisbach（1988）也认为独立董事具有强的监督力，并发现公司绩效差的 CEO 容易被更替。Hermalin and Weisbach（1998）通过理论模型证明了高管选举是董事会和 CEO 权力博弈的结果，Arthur（2001）对该结论进行了实证检验，并发现董事会独立性不但提高了 CEO 更替而且降低了 CEO 的任期。简言之，代理理论认为独立董事具有较强的监督能力，并通过公司绩效评价 CEO 能力，因而独立董事能够有效更替公司绩效较差的 CEO。而且，Volpin（2002）、Kato and Long（2006）等都证实了独立董事提高了 CEO 更替对公司绩效的敏感性。所以，我们得到假说 6－1。

假说 6－1：独立董事可以提高 CEO 更替业绩敏感性。

---

① Dominguez－Martinez 等（2008）认为 CEO 更替的文献都有一个潜在的假定：较差的公司绩效意味着较差的 CEO 能力。

然而，已有文献中相反的实证结果也大量存在，理论和实业界对独立董事功用的质疑声音也相当普遍。Huson（2001）通过比较美国上市公司1971—1994期间的CEO更替业绩敏感性发现，尽管公司独立董事比例在提高，但CEO更替业绩敏感性没有明显变化。也有学者发现独立董事往往不会对CEO采取公开的反对态度（Mace，1971；Hermalin and Weisbach，2003；叶康涛等2011），独立董事在CEO离任问题上没有发挥监督控制作用（龚玉池，2001；安凡所，2009），CEO被迫离职率比理论预期要低得多（Taylor，2010）。那么，这些经验结果是否对代理理论的正确性产生了质疑？我们认为，代理理论的独立董事监督观点是科学的，只是现有实证文献在对董事会独立性进行量化时，忽视了独立董事并非真正独立这一社会问题。

实际上，独立董事与CEO可能存在同学、校友、老乡等社会关系（Fracassi and Tate，2012），而社会嵌入性会对行为人的经济决策产生重要影响（Granovetter，1985）。一方面，社会关系中的人们具有相似的偏好、信念和价值观，使得他们的行为本身就具有趋同性；另一方面，他们会基于共同准则形成一定的利他倾向，行为活动受群体共同利益的影响（Akerlof and Kranton，2000）。因此，与CEO具有友好关系的独立董事难以保持真实独立性，难以有效地监督和更替CEO。简言之，在独立董事是否提高了CEO更替业绩敏感性问题上，现有文献由于没有合理认识和测算独立董事的“独立性”，遗漏了其中的社会因素，导致经验研究的同时出现了正反两面的矛盾结果。也有少量文献关注到了社会关系在CEO更替中的作用，Cao等（2006）认为社会网络理论对CEO变更与公司绩效之间关系的解释力较强，罢免网络嵌入性较强的CEO会降低公司价值，但该文强调的是社会网络的社会资本价值而不是关系对行为人决策的非理性影响。Coles等（2014）认为，CEO任期内上任的董事很可能是CEO的朋友或对CEO有感恩心理，并实证发现CEO任期内上任的董事越多，CEO更替业绩敏感性越低，但该文对董事灰色性的量化不够准确。Hwang and Kim（2009）发现与董事有社会关联的CEO，在公司业绩下滑时被迫离职的概率较低，本书与之观点相似，但落脚点在评价我国独立董事的功用。为此，我们区分了董事会的名义独立性和实际独立性，并提出了假说6-2。

假说6-2：董事会实际独立性会提高CEO更替业绩敏感性，即真正的独立董事是可以有效监督和更替CEO的；而CEO-独立董事社会关系会降低CEO更替业绩敏感性，即灰色董事对CEO起到了“保护伞”的作用。

要评价独立董事的功用，必须看CEO更替后的公司绩效如何，是否CEO被迫离职会提高公司绩效？这需要进一步的实证检验。如果独立董事促进了低能力

CEO 的离任，那么独立董事就真的改善了公司治理，提升了公司业绩吗？这似乎符合公司治理研究的基本逻辑（Jensen and Meckling，1976；Hermalin and Weisbach，1998，2003；游家兴等，2010），但也有文献发现，高管更替不能改善公司绩效（朱红军，2004；柯江林等，2007）。为此，我们提出了假说 6 - 3，并使用倾向得分匹配方法（PSM）来检验 CEO 离职后公司绩效表现。

假说 6 - 3：CEO 更替后公司绩效会上升。

6.2　建议行为：建议需求的视角

董事的建议行为不可观测，而且建议的表现结果也很难识别，因为我们很难找出一种公司表现可以直接归因于董事会的建议行为。我们认为现实中存在而且不违背理论逻辑的一个潜在假设：企业作为一个合乎理性的市场经济的微观主体，会根据自身需求主动选择最优的董事会结构。如果社会关系可以促进董事会的建议功能的发挥，那么，企业能够在管理层需要更多董事会建议的情形下配备更多的灰色董事，否则相反。因此，我们要检验社会关系对董事建议行为的影响，就可以转化为如下问题：建议需求多的公司是否具备更多的灰色董事。

6.2.1　研究假说

本章的一个重要结论是 CEO - 独立董事社会关系会扭曲独立董事的监督行为，对公司治理和公司绩效带来负面影响。然而，也有文献认为 CEO - 独立董事社会关系的存在可能是有一定价值的，例如 Adams and Ferreira（2007）认为董事会对 CEO 的友好，会激励 CEO 汇报内部信息，进而可以针对性给予改善业绩的建议。Taylor（2010）也认为，现实中 CEO 离职率很低，其原因主要是更替 CEO 的成本太高。在此，我们还要检验社会关系对于董事会建议功能的提升作用。

管家理论认为，经理层与董事会利益一致，因此董事会应充分放权给经理层，积极协助支持而不是监督经理层。（Davis 等，1997）。而资源依赖论也认为，董事会的首要战略职能是获取资源，董事会应该担任战略支持者角色，而不是强调监控的监督者。（Hillman and Dalziel，2003）。友好董事会理论则提出，社会关系可能利于董事会建议功能的发挥（Adams and Ferreira，2007），灰色董事不是扮演监督者的角色，更多的是扮演咨询者的角色，运用其专业知识协助管理层和大股东做出有效的决策。在现实中，公司董事会设置从被动合规转向善治，具有主动合规性的趋势。不仅是监管当局的强制要求，而且出于改善公司绩效或者降低公司风险的目的，公司对独立董事需求呈现出强制性需求与自主性需求并存（曹廷求等，2012）。Duchin 等（2010）、Hoitash（2011）认为 CEO – 独立董事社会关系可以促进公司内部信息的沟通和董事会建议职能的发挥，对于社会关系的取舍必须权衡公司的信息沟通成本和公司对董事会监督建议功能的需求大小。汪林等（2010）提出与高层领导的关系和经理人“谏言”显著正相关，组织自尊与内部人身份认知在两者间起完全中介作用。本书命题 2 也发现，CEO – 独立董事社会关系会提高董事会建议功能的发挥，也即建议需求多的公司应该具备更多的灰色董事。为此，提出如下实证研究的假说：

假说 6 – 4：建议需求越多则灰色董事数量越多。

6.2.2 建议需求的测度

Duchin 等（2010）认为信息成本对于外部董事的建议和监督功能都至关重要，会影响独立董事有效性的发挥。牛建波和赵静（2012）发现，独立董事获取信息的成本会对独立董事溢价产生显著影响，独立董事溢价随着获取信息成本的提高而降低。Field 等（2013）使用公司复杂性（公司 R&D 投入数量）和公司成立时长来测度公司对董事会建议的需求大小。伊志宏等（2011）使用并购效率来体现公司的建议机制。Chen（2008）使用销售额、杠杆率、部门数量的因子分析的得分来表示建议需求。Linck 等（2008）的做法，使用公司复杂性和成长性来衡量董事会建议功能的成本收益。Schmidt（2015）认为公司较为复杂和 CEO 经验不足时，对建议需求较大，结果是兼并收益较高。

综合以上文献，我们使用公司规模、复杂性、成长性三个指标来测度公司董事会建议需求。具体的，使用公司资产衡量公司规模、负债率来衡量公司的复杂性、账面市值比来衡量公司成长性。其逻辑含义是：公司规模越大、公司越复杂、成长性越高则董事建议的收益越高，但是信息成本也越大，而灰色董事与 CEO 的友好关系正好利于建议和节省信息成本。用总资产的自然对数代表公司规模是公司治理文献的普遍做法。我们使用公司负债率（Lev）来代表公司的复杂性（Fama and Jensen，1983；Booth and Deli，1999；Linck 等，2008），负债率越高公司越复杂，使用账面市值比（BM）来代表公司成长性（Smith 和 Watts，1992；Gaver and Gaver，1993；Linck 等，2008），账面市值越小公司成长越快。

6.3 研究设计

6.3.1 样本数据

我们以2006—2010年深交所中小板上市公司为研究样本。筛选原则如下：(1) 剔除了金融类公司和样本期间被ST的公司；(2) 为了除去IPO的影响，剔除了当年度上市的公司；(3) 为了防止兼并或重组的影响，剔除了样本区间内总资产成长率或主营业务收入成长率大于100%的公司；(4) 并剔除了数据库中数据严重缺失的样本。最终，我们的样本为1005个，其中，2006年49个、2007年115个、2008年218个、2009年269个、2010年354个。这里的公司治理和财务数据来自国泰安信息技术有限公司（GTA）的CSMAR数据库，而独立董事和CEO的个人简历信息通过上市公司年报、CSMAR数据库和百度百科手工搜集。

6.3.2 模型设定

CEO更替的决定

为了检验独立董事对CEO更替业绩敏感性的功用，也就是验证假说6-1和假说6-2，我们使用Weisbach（1988）的Logit模型。而Brickley（2003）认为简单使用CEO更替对公司绩效的Logit模型并不合适，需要发现影响CEO更替的新的因素，我们则根据前文的假说加入了董事会独立性和社会关系这两个因素，并控制了许多其他变量，基本计量方程如（6-1）式所示。

$$\ln[\Pr(Turnover)/(1-\Pr(Turnover))] = \alpha + (\beta_0 + \beta_1 Independent) \times Performance + \delta Control + \varepsilon \quad (6-1)$$

式中，Turnover表示CEO被迫离职与否的虚拟变量，Performance是公司绩效，Independent是公司董事会独立性，Control是一系列控制变量，系数 β_0 反映了CEO更替绩效敏感程度，系数 β_1 则反映了CEO更替绩效敏感程度是否会受到独立董事的影响。

CEO更替后的公司绩效

独立董事对CEO更替的影响，只是评价独立董事功用的第一步，独立董事功用如何还是要看公司绩效表现，即要检验假说6-3。我们采用Rosenbaum and Rubin（1983）提出的"倾向得分匹配"方法（PSM），其优点是把实验组和控制组进行多元匹配，使之尽可能的相似，有效地降低样本选择偏误。PSM方法对多元匹配的实现方式是：把是否实验（如本书的CEO更替）对样本全体的各个特征变量进行 Logit（或 Probit）回归，求得倾向得分值（Gropensity Score，简称 PS 值），然后根据 PS 值并按照一定的匹配原则给每个实验组样本找到对应的个体特征相似的控制组样本，进而通过对两组样本的比较来辨别实验是否对个体有影响。

我们使用 PSM 方法对 CEO 被迫离职的样本和全样本进行多元匹配，进而比较实验组和控制组在 CEO 更替后的绩效差异，即求得 CEO 更替对公司绩效的平均处置效应（ATT）。具体做法是：第一，使用全样本对方程（6－1）进行估计，得到每家公司的 CEO 被迫离职的倾向得分（PS 值）；第二，使用最近邻匹配法，前向或后向寻找与 CEO 离职样本的 PS 值最为接近的匹配对象作为控制组；第三，比较离职样本的 CEO 离职一年后，两组样本的公司绩效，以此判断 CEO 被迫离职对公司绩效的影响。

灰色董事数量与建议需求

为了判断社会关系对建议行为的影响，我们从建议需求的角度出发，检验公司建议需求多少与灰色董事数量之间的相关性。被解释变量灰色董事数量是一组随机离散数字，使用 Poisson 模型比较合适，主要解释变量为董事会建议需求（公司规模、复杂性、成长性三个指标），并控制了若干其他变量。

6.3.3 变量定义

在实证分析之前，分别对 CEO 被迫离职、公司绩效、董事会独立性、建议需求以及其他控制变量进行界定和说明。

CEO 被迫离职

Huson（2001）把 CEO 离职原因分为被迫离职（Forced Turnover）和正常离职（Unforced Turnover），并认为被迫离职才是董事会对绩效差的 CEO 的一种强制更正，这也是我们所关注的主要问题。因此，参照 Huson（2001）、Jenter and Kanaan（2015）的做法，把 CEO 离职原因是“退休”或“健康原因”且离职年龄超过 60 岁的 CEO 变更定义为正常离职，而将其余的 CEO 变更定义为被迫离职。

公司绩效

对于 CEO 更替业绩敏感性问题的研究，现有文献主要使用会计绩效和股票收益来衡量公司绩效，Brickley（2003）认为在该问题上两者并无显著差异①。而

① 然而，Morse 等（2011）在研究 CEO 薪酬绩效敏感性问题时，发现高权势的 CEO 会把业绩敏感性盯住自己表现较好的业绩指标，出现 CEO 表现好的指标敏感而表现差的指标不敏感的现象。

且，我国股市并不完善，影响股价波动的非理性因素较多①，我国上市公司也大都没有采用股票收益率作为其业绩考核方法。因此，这里主要使用公司会计绩效——总资产收益率（ROA）来衡量公司绩效，并使用股票收益（Tobin'q）作为替代指标作稳健性检验。具体的，我们采用以下三个变量来衡量公司绩效：其一是公司上年度的总资产收益率（ROA），等于净利润/总资产平均余额；其二是经行业调整②的公司上年度总资产收益率（IROA），使用行业相对绩效可以剥离高管运气成分（沈艺峰和李培功，2010），更好的识别CEO的能力（Jenter and Kanaan，2015），因而，IROA相对于ROA可能是董事会决定CEO去留的更重要参考；其三是公司前三年度的总资产收益率的移动平均（MROA），使用MROA是因为公司治理的效果需要长期呈现（Gompers等，2003），董事会在更替CEO时倾向于对一定时期的绩效作出反应（Mace，1971；Chang and Wong，2009）。此外，在分析CEO离职后公司绩效表现时，我们使用了公司下一年度的总资产收益率。

董事会独立性

与以往文献相一致，我们使用独立董事占董事会的比例来衡量董事会名义独立性（Indep）。参照Hwang and Kim（2009）、Fracassi and Tate（2012）、刘诚等（2012）的做法，我们从老乡、校友和共同工作经历三个方面识别独立董事和CEO的社会关系，把至少存在三者之一的独立董事认定为灰色董事，然后把董事会实际独立性（Indep_ real）界定为：实际独立性 =（独立董事人数—灰色董事人数）/董事会人数。

建议需求

如前文所述，这里使用公司规模、复杂性、成长性三个指标来测度公司董事会建议需求。具体的，使用公司资产衡量公司规模、负债率来衡量公司的复杂性、账面市值比来衡量公司成长性。

控制变量

另外，我们还控制了如下变量：（1）CEO性别（Gender），男为1，女为0；（2）CEO的年龄（Age）；（3）CEO在位时间（Tenure）；（4）CEO权力（Power），使用CEO是否两职合一来表示；（5）CEO在外兼职情况（Busy），具有其

---

① 2012年我国股市低迷徘徊在2000点低位，与1999年的水平相当，而这期间我国实体经济大约以9%的速度持续增长。

② IRO = ROA - 行业ROA的中位数。根据上市公司行业分类标准，并除去金融类公司，本书上市公司共分为12类行业。

他兼职则取1否则取0；（6）第一大股东持股比例（Share）；（7）董事会规模（Boards），即董事会成员人数；（8）董事会会议次数（Frequency）；（9）实际控制人性质（State），我们将上市公司分为国有控股和非国有控股。

6.3.4 描述统计

表6－1列出了CEO被迫离任、公司绩效、董事会独立性以及其他变量的描述统计。1005个公司年度观察值中，只有144个CEO被迫离职，CEO的年度被迫离职率为14%，略高于Chang and Wong（2009）所认为的10.2%，也证实了Taylor（2010）的CEO离职率较低的说法。同时，CEO年度被迫离职率为11%也说明了，如果没有“退休”和“健康问题”，我国CEO的平均任期大约为7年。为了进一步对比名义和实际独立性高低所对应的公司CEO离职差异，我们根据独立性是否大于样本均值，把研究样本分为独立性较高和较低两组，并做了分组描述统计，如表6－2所示。可以发现，按照名义独立性分组时，两组公司CEO离职率没有显著差异；而按照实际独立性分组时，独立性较高组的CEO离职率显著偏高。这说明实际独立董事提高了CEO薪酬绩效敏感程度。

独立董事占董事会人数的36%，显示董事会的名义独立性较强，但是每个公司平均有1.77个灰色董事，出去灰色董事后董事会的实际独立性只有16%，说明我国独立董事“名义独立实际不独立”的现象非常严重。公司ROA均值为0.08，长期负债率平均为39%，账面市值比平均为61%，公司间差异较大。其余变量的描述统计详见表6－1，这里不再一一赘述。

表6－1　　　　主要变量的描述统计

变　量	观察值	均　值	标准差	最小值	最大值
Turnover	1005	0.14	0.35	0	1
ROA	1005	0.08	0.06	-0.32	0.46
IROA	1005	0.01	0.06	-0.39	0.40
MROA	692	0.07	0.05	-0.28	0.32
Indep	992	0.36	0.05	0.14	0.57
Indep_ real	992	0.16	0.12	0	0.50
Gray	992	1.77	1.05	0	5
Gender	1005	0.93	0.25	0	1
Age	1003	46.52	6.52	28	73
Tenure	993	2.09	1.26	1	10
Power	1005	0.30	0.46	0	1

续表

变　量	观察值	均　值	标准差	最小值	最大值
Busy	1002	0.63	0.48	0	1
Share	1005	37.09	14.37	5.21	80.60
Boards	992	8.84	1.53	3	15
Frequency	1005	8.71	2.90	3	31
Size	1005	20.95	0.79	19.20	24.51
Lev	1005	0.39	0.19	0.02	1.29
BM	1005	0.56	0.23	0.09	1.23
State	1005	0.21	0.41	0	1

表 6－2　　CEO 被迫离职的分样本描述统计

	独立性较高（大于样本均值）				独立性较低（小于样本均值）				差异
分组标准	观察值	平均值	最小值	最大值	观察值	平均值	最小值	最大值	P 值
按名义分组	409	0.16	0	1	583	0.13	0	1	0.22
按实际分组	459	0.17	0	1	533	0.13	0	1	0.06

6.4　实证结果

6.4.1　独立董事与 CEO 更替

公司绩效是 CEO 能力的表现，也是董事会评价和选择 CEO 的核心要素①。如前文所述，本章使用公司上年度的总资产收益率（ROA）、行业调整的 ROA（IROA）和三年移动平均的 ROA（MROA）来量化公司绩效。作为基准模型，我们检验 CEO 更替业绩敏感性，即先不考虑独立董事对 CEO 更替业绩敏感性的影响［即方程（6－1）中的交互项］，把 CEO 更替对公司绩效、独立董事比例和控制变量进行回归，如表 6－3 所示。结果显示，三种公司绩效都与 CEO 被迫离职负相关，并且都在 1% 水平上显著。这说明公司绩效影响了 CEO 更替。

① Jenter and Kanaan（2010）使用 CEO 离职样本而 Kaplan and Minton（2012）使用 CEO 被迫离职样本，都发现 CEO 更替与公司绩效、行业调整的公司绩效显著负相关。

表6-3　　　　独立董事与CEO更替

	(1)	(2)	(3)	(4)	(5)	(6)
ROA	-9.343***			-9.704***		
	(2.420)			(2.346)		
IROA		-8.056***			-8.374***	
		(2.797)			(2.734)	
MROA			-13.999***			-14.060***
			(3.549)			(3.525)
Indep	1.933	2.086	2.928			
	(2.105)	(2.102)	(2.732)			
Indep_ real				2.030***	1.991***	1.626*
				(0.752)	(0.751)	(0.914)
Gender	0.166	0.168	-0.114	0.157	0.161	-0.148
	(0.378)	(0.374)	(0.429)	(0.368)	(0.366)	(0.420)
Age	-0.050***	-0.049***	-0.036*	-0.050***	-0.049***	-0.036*
	(0.018)	(0.018)	(0.021)	(0.018)	(0.018)	(0.021)
Tenure	-0.913***	-0.913***	-0.933***	-0.932***	-0.931***	-0.937***
	(0.167)	(0.166)	(0.208)	(0.170)	(0.169)	(0.210)
Power	-0.197	-0.221	0.064	-0.104	-0.122	0.147
	(0.243)	(0.244)	(0.280)	(0.240)	(0.239)	(0.278)
Busy	-0.409**	-0.405**	-0.438*	-0.378*	-0.375*	-0.422*
	(0.208)	(0.205)	(0.245)	(0.208)	(0.205)	(0.247)
Share	0.008	0.009	0.008	0.010	0.010	0.010
	(0.007)	(0.007)	(0.009)	(0.007)	(0.007)	(0.009)
Boards	-0.126*	-0.118*	-0.155	-0.136*	-0.128*	-0.182*
	(0.074)	(0.073)	(0.098)	(0.072)	(0.071)	(0.095)
Frequency	0.032	0.029	0.037	0.028	0.025	0.033
	(0.035)	(0.035)	(0.039)	(0.035)	(0.035)	(0.039)
Size	0.037	0.026	0.085	0.092	0.081	0.129
	(0.186)	(0.180)	(0.217)	(0.190)	(0.186)	(0.221)
Lev	-0.799	-0.461	-1.203	-0.995	-0.649	-1.338
	(0.820)	(0.820)	(0.941)	(0.801)	(0.811)	(0.935)
State	0.266	0.310	0.131	0.271	0.314	0.129
	(0.256)	(0.253)	(0.297)	(0.257)	(0.256)	(0.297)
Cons	1.821	1.147	0.377	1.264	0.626	0.605
	(3.518)	(3.480)	(3.879)	(3.487)	(3.443)	(3.897)
Year	是	是	是	是	是	是
N	981	981	676	981	981	676
Pseudo R2	0.160	0.154	0.185	0.168	0.161	0.188

注：括号中报告的是Bootstrap稳健标准误。"是"表示控制了相关变量。Pseudo R2是伪R平方。*、**、***分别表示10%、5%和1%的显著性水平。所有计量结果cluster在公司水平。

我们发现独立董事比例（或者说董事会名义独立性）对 CEO 更替没有直接的显著影响。那么，独立董事真的对 CEO 更替没有作用吗？这一结果可能是因为 CEO－独立董事社会关系扭曲了独立董事本该有的独立监督行为。为此，我们扣除了那些与 CEO 有社会关联的灰色董事，使用实际独立性来表示董事会的独立性，再次进行回归，如表 6－3 所示。结果表明实际独立性可以显著提高 CEO 被迫离职率，而且该结果具有很强的经济显著性，通过计算比值比（Odds Ratio）得知，董事会实际独立性每提高 1%，CEO 被迫离职的可能性将增大 8% 倍。这证明了真正的独立董事是可以发挥良好的监督效果的，符合假说 6－1 和假说 6－2 的理论预期。

此外，我们发现 CEO 年龄和任期都会显著降低 CEO 被迫离职的可能性。Brickley（2003）、Kato and Long（2006）和 Kaplan and Minton（2012）都认为年龄和任期是决定 CEO 离任的关键因素，它们不仅决定了 CEO 的健康和退休问题，也一定程度上反映了 CEO 的资历和社会资本。而且，与 Fich and Shivdasani（2006）相同，我们发现在外兼职的 CEO 离职率较低，这也证实了外部社会网络的资本价值。同时，我们还支持了 Yermack（1996）小董事会的 CEO 容易离职的观点，发现董事会人数越多 CEO 离职越少。而其他控制变量都不显著。特别的，我们没有发现 Volpin（2002）一股独大会促进高管更替的证据，也没有证实伊志宏等（2011）董事会会议次数可以提高 CEO 更替业绩敏感性的结论，但验证了 Kato and Long（2006）CEO 权力对其更替没有显著作用的假说。

6.4.2　独立董事与 CEO 更替业绩敏感性

独立董事应该把低能力的 CEO 罢免掉，所以独立董事对 CEO 离职的功用，不仅体现在独立董事能提高 CEO 离职率上，更应体现在 CEO 更替业绩敏感性上。这一思路与郑志刚和吕秀华（2009）类似，他们认为我国董事会独立性是通过与其他治理机制的交互影响而间接发挥公司治理作用的。为此，我们在计量方程中加入公司绩效与董事会独立性的交互项。

如前文所述，我们认为行为嵌入于关系之中，CEO－独立董事社会关系会扭曲 CEO 的行为，进而影响公司治理。我们把与 CEO 有社会关联的独立董事界定为灰色董事，进而把董事会独立性分为名义独立性和实际独立性。把名义独立性和实际独立性及其与公司绩效的交互项分别放入方程（6－1）中，交互项的系数就反映了独立董事对 CEO 更替业绩敏感性的影响，如果系数为负则说明独立董事可以提高 CEO 更替业绩敏感性。换言之，我们通过分别检验和比较两种独立性对 CEO 更替业绩敏感性的影响，来判断独立董事的功用以及社会关系在其中的角色，即验证假说6－1和假说6－2。回归结果如表6－4所示。

表6－4的实证结果显示，名义独立董事对CEO更替业绩敏感性没有显著作用，并且此时公司绩效也变得不显著，说明了独立董事没有提高CEO更替业绩敏感性，反而使其更替不受绩效的影响。这符合我们灰色董事弱化监督的逻辑假说，也就是说，灰色董事对CEO起到了“保护伞”的作用，即便绩效差也很少被迫离职，这与Hwang and Kim（2009）的结论是一致的。这说明了单纯增加独立董事人数不能增强董事会对CEO的监督，不能改善公司治理。这意味着，我们需要反思独立董事发挥作用是否收到了其他因素的干扰，如CEO－独立董事社会关系，即检验实际独立性对CEO更替的作用。表6－4实证结果表明，实际独立性显著提高了CEO离职率，并且它与公司绩效的交互项显著为负，说明公司绩效差的时候真正的独立董事更能发挥监督功能，罢免低能力CEO，这与叶康涛等（2011）的观点相似，他们认为独立董事在公司绩效较差时才会公开质疑CEO，体现公司治理效应。这也符合我们前文的假设，独立董事可以提高CEO更替业绩敏感性，但是灰色关系会影响独立董事的独立性，进而扭曲独立董事的监督行为，导致独立董事“橡皮图章”、“花瓶”现象的出现。控制变量的回归结果与表6－3相似，限于篇幅，表6－4没有报告具体结果，感兴趣的读者可以与作者联系。

表6－3证实了名义独立董事不能提高CEO离职率，而表6－4的实证结果又表明名义独立董事对CEO更替业绩敏感性也没有显著作用。相反，实际独立董事可以显著提高CEO离职率和CEO更替业绩敏感性。因此，我们认为独立董事不“董事”的原因不是独立董事制度本身，而是独立董事不“独立”。也就是说，独立董事是可以改善公司治理的，但是公司在董事选举时没有任命真正的独立董事，使得CEO－独立董事社会关系扭曲了董事会的监督行为。

表6－4　　独立董事与CEO更替业绩敏感性

	(7)	(8)	(9)	(10)	(11)	(12)
ROA	1.621			−4.037		
	(14.912)			(3.685)		
IROA		12.710			−1.543	
		(17.826)			(4.609)	
MROA			−28.470*			−6.992*
			(16.314)			(3.953)
Indep	4.125	2.250	0.415			
	(3.523)	(2.147)	(4.103)			

续表

	(7)	(8)	(9)	(10)	(11)	(12)
Indep_ real				3.772*** (1.255)	1.644** (0.777)	3.421** (1.463)
Indep* ROA	-29.770 (40.324)					
Indep* IROA		-56.920 (48.424)				
Indep* MROA			39.040 (52.453)			
Indep_ real* ROA				-28.321* (15.317)		
Indep_ real* IROA					-35.121** (17.733)	
Indep_ real* MROA						-35.617* (22.412)
Cons	1.133 (3.667)	1.258 (3.480)	1.122 (4.044)	1.127 (3.383)	0.919 (3.358)	0.291 (3.799)
控制变量	是	是	是	是	是	是
Year	是	是	是	是	是	是
N	981	981	676	981	981	676
Pseudo R2	0.161	0.157	0.186	0.173	0.169	0.194

注：括号中报告的是 Bootstrap 稳健标准误。“是”表示控制了相关变量。Pseudo R2 是伪 R 平方。*、**、***分别表示 10%、5%和 1%的显著性水平。所有计量结果 cluster 在公司水平。

6.4.3 CEO 更替后的公司绩效表现

显然，独立董事功用的评价，还要归结于公司绩效表现。也就是说，评估独立董事的功用要分两步：是否促进了低劣业绩的 CEO 的及时有效变更，CEO 变更是否带来了公司绩效的显著改善。因此，我们接下来考察 CEO 被迫离职后的公司绩效表现。根据代理理论，低能力 CEO 离职后公司绩效会提升，那么 CEO－独立董事社会关系影响了独立董事对低绩效 CEO 的罢免，是否就可以直接断定这种灰色关系损害了公司治理呢？我们认为 CEO－独立董事社会关系本身也可能是有价值的，例如信息沟通的价值（Adams and Ferreira，2007），而更换 CEO 会使关系破裂，所以 CEO 离职后公司绩效未必会改善。

PSM 分析的具体步骤如前文所述，使用模型（7）求得每一家公司的 PS 值，进而根据最近邻匹配原则进行样本匹配，并使用公司下一年度的总资产收益率来衡量公司绩效，最后比较匹配前后的公司绩效差异，结果如表6－5所示。匹配前的样本是指没有根据PS值把实验组和控制组进行配对，直接对全体样本做分析，来比较和判断CEO被迫离职对公司绩效的影响，表6－5的ATT值就表示CEO离职对绩效的影响，可见它是正的，但不显著。由于CEO离职前后绩效差异不仅仅是CEO离职带来的，必须控制其他因素，也就说必须找到与实验组特征最为相似而仅仅在CEO是否离职上有差异的样本，这就是我们根据PS值配对后得到的匹配后的样本。对于匹配后的样本，公司绩效差异的原因基本上可以归结为CEO被迫离职。可以看出，使用PSM方法把CEO离职和非离职的公司进行多元匹配后，CEO被迫离职对公司绩效的平均处置效应（ATT）显著为正，表明CEO更替确能有效提升上市公司的经营业绩。这也证实了本书的假说6－3。

表6－5　　CEO被迫离职对公司绩效的影响

	实验组	控制组	ATT	标准误差	t值
匹配前	0.0684	0.0637	0.0047	0.0063	0.74
匹配后	0.0684	0.0289	0.0395	0.0125	3.16***

注："匹配前"指未实施倾向得分配对前的样本，"匹配后"指进行实施倾向得分配对后的样本。"实验组"和"控制组"分别表示CEO离职和未离职的公司。*、**、***分别表示10%、5%和1%的显著性水平。标准误采用自抽样法（Bootstrap）反复抽样500次得到。

6.4.4　社会关系促进建议功能的一个间接证据

CEO更替会导致现存CEO－独立董事社会关系的破裂，所以CEO更替样本可以很好地检验社会关系的存在价值。我们依然使用上文的PSM方法，唯一的区别在于：我们从样本中选出CEO与独立董事有社会关联的公司作为研究样本，再做PSM分析，来探究与独立董事有社会关系的CEO的离任对未来公司绩效的影响，即检验社会关系的破裂与否对公司绩效的影响。结果如表6－7所示。我们发现，表6－7和表6－5的结果并不一致，对于CEO与独立董事有社会关联的那些公司，CEO的更替不再显著改善公司绩效。因为我们使用PSM方法控制了许多其他因素的干扰，较大程度上处理了样本选择偏误，CEO更替后实验组和控制组的绩效差异可以说是CEO离职所导致的。那么，进一步的问题是，这一差异由表6－5的显著为正变为表6－7的不显著，其原因应该就是后者的CEO离职还会使得关系破裂，出现了负向的抵消作用。这说明，一方面，CEO更替可以提升公司治理水平，提高公司绩效；另一方面，CEO更替会导致现有的CEO－独立董事社会关系消亡，这又会降低公司绩效，即社会关系也有一定的存在价值。我们认为，该价值主要体现为促进董事会建议功能的发挥。

表 6-6　　两类公司的独立董事在 CEO 更替中的不同作用

	国有企业			非国有企业		
	(13)	(14)	(15)	(16)	(17)	(18)
ROA	-9.151 (9.257)			-2.810 (4.156)		
IROA		-18.120* (10.964)			0.941 (5.550)	
MROA			-17.770 (16.214)			-5.148 (6.531)
Indep_ real	1.483 (2.708)	0.009 (1.987)	0.519 (3.879)	4.074*** (1.445)	1.818** (0.890)	3.764** (1.718)
Indep_ real * ROA	-16.610 (34.680)			-30.050* (16.975)		
Indep_ real * IROA		-3.2540 (41.055)			-37.744** (18.452)	
Indep_ real * MROA			-32.540 (56.191)			-34.932* (21.339)
Cons	-2.354 (8.991)	-7.235 (8.626)	-10.76 (10.319)	2.470 (3.839)	2.736 (3.760)	-0.177 (4.179)
控制变量	是	是	是	是	是	是
Year	是	是	是	是	是	是
N	203	203	145	778	778	531
Pseudo R2	0.274	0.299	0.389	0.161	0.154	0.166

注：括号中报告的是 Bootstrap 稳健标准误。“是”表示控制了相关变量。Pseudo R2 是伪 R 平方。*、**、***分别表示 10%、5%和 1%的显著性水平。所有计量结果 cluster 在公司水平。

表 6-7　　社会关系的存在价值

	实验组	控制组	ATT	标准误差	t 值
匹配前	0.0556	0.0686	-0.0130	0.0066	-1.97**
匹配后	0.0556	0.0533	0.0023	0.0103	0.22

注：“匹配前”指未实施倾向得分配对前的样本，“匹配后”指进行实施倾向得分配对后的样本。“实验组”和“控制组”分别表示 CEO 离职和未离职的公司。*、**、***分别表示 10%、5%和 1%的显著性水平。标准误采用自抽样法（Bootstrap）反复抽样 500 次得到。

6.4.5　灰色董事数量与建议需求

为了判断社会关系对建议行为的影响，我们从建议需求的角度出发，检验公司建议需求多少与灰色董事数量之间的相关性。灰色董事数量对董事会建议需求做 Poisson 回归，把公司规模、复杂性、成长性三个指标依次和同时放入回归方程，得到四个回归结果，如表 6－8 所示。

表 6－8　　灰色董事数量与建议需求的 Poisson 回归

	(1)	(2)	(3)	(4)
Size	0.042**			0.055**
	(0.021)			(0.027)
Lev		0.039*		－0.143
		(0.026)		(0.119)
BM			－0.020*	－0.028*
			(0.014)	(0.016)
Power	0.208***	0.207***	0.208***	0.204***
	(0.037)	(0.055)	(0.056)	(0.038)
Share	0.003**	0.004**	0.004*	0.003**
	(0.001)	(0.002)	(0.002)	(0.001)
Boards	0.084***	0.091***	0.090***	0.085***
	(0.012)	(0.017)	(0.017)	(0.012)
Frequency	－0.00500	－0.00200	－0.00300	－0.00500
	(0.006)	(0.007)	(0.008)	(0.006)
State	0.0420	0.0430	0.0410	0.0480
	(0.047)	(0.074)	(0.073)	(0.047)
Cons	－1.204**	－0.421**	－0.428**	－1.445***
	(0.475)	(0.206)	(0.207)	(0.526)
N	992	992	992	992
R－squared	0.0170	0.0160	0.0160	0.0170

注：括号中报告的是稳健标准误。*、**、***分别表示 10%、5%和 1%的显著性水平。

公司规模、复杂性、成长性的符号符合预期，即规模大、负债高、成长快的公司需要更多的董事会建议，而这些需求使得灰色董事的增多。这就证明了灰色董事，或者说社会关系可以提高独立董事和董事会的建议功能。而且，可以发现，CEO 权力越大灰色董事越多，这也再次印证了上一章的计量结果。要说明的是，上一章在研究独立董事任命时，得出一个结论是，灰色董事连任对于 CEO 而言，仅仅是出于私利目的而不是为了公司建议功能，这一点与本章的结果不矛盾。因为董事会的任命是大股东、董事会和CEO功能博弈的结果，CEO不会为了建议需求而任命灰色董事，不代表大股东和董事会不会这么做。而这两章的两个结论共同说明了，灰色董事被任命对CEO而言是出于私利，但是对于大股东和董事会是出于他们的建议优势，而且他们确实发挥了较高的建议能力。

6.4.6　研究拓展与稳健性检验

企业性质是否影响了独立董事的功用

上文证实了独立董事在CEO更替方面的功用，前提是他必须是真正的独立董事。更一步的问题是，除了社会关系，独立董事发挥作用是否还受其他因素的影响？我们从企业性质方面做简单的拓展研究。

除了公司经营业绩，国有企业CEO还承担一些了社会和政治责任（Shleifer and Vishny，1994）。公司绩效不是考核国企CEO的唯一标准，而且国企CEO离职很可能是调任或晋升到其他国企或政府部门，因此国企CEO更替业绩敏感性较低（Kato and Long，2006；Chang and Wong，2009；柯江林等，2007；丁友刚和宋献中，2011）。而且，国企的人事任免还受到政府部门、公司党委会和职工代表大会的制约，董事会无法完全决定CEO的去留，独立董事在其中的作用也会相应减弱。

为了验证独立董事的功用是否依企业性质而不同，我们将研究样本根据实际控制人性质分为国有企业和非国有企业，并分别检验模型（10）—（12）。具体回归结果如表6－6所示。结果表明，对于国有企业样本，公司绩效、董事会实际独立性以及两者的交互项都不显著；而对于非国有企业样本，董事会实际独立性显著提高了CEO被迫离职率，并且在公司绩效较差时独立性的作用越显著。这证明了国有企业高管更替具有其特殊性①，董事会和独立董事制度的作用较小，而非国有企业的独立董事在公司决策中具有一定的话语权，可以显著改善公司治理。这说明，一方面应该在国有企业中深入推行公司制改革，提高董事会（尤其是独立董事）在公司决策中的实质权威，另一方面应该在非国有企业中进一步强化独立董事选聘制度，让真正独立的董事发挥起客观监督的作用。

稳健性检验

我们对上文的有关结论做了四个稳健性检验：（1）对独立董事的独立性进行划分是的重点，如何识别灰色董事则是难点。Boone等（2007）发现CEO会通过自己的谈判力在董事会中安置并俘获独立董事，Coles等（2014）认为CEO任期

① 这也印证了我们选取国有企业比例较低的中小板上市公司作为研究样本的合理性。

内上任的董事很可能是CEO的朋友或对CEO有感恩心理，因此，我们参照Coles等（2014）的做法，把CEO任期内上任的独立董事都认定为灰色董事，进而测度董事会的实际独立性。（2）尽管已使用三种指标来衡量公司绩效，但市场绩效也是CEO考核的重要内容，因此，使用公司市场绩效（Tobin'q）替换会计绩效，来衡量公司绩效。（3）评价CEO被迫离职后公司绩效表现，使用PSM方法对离职和非离职样本做了较为精确的比较，进一步的，使用半径匹配和核匹配方法代替最近邻匹配，再次进行PSM分析。（4）参照Field等（2013）的做法，使用公司成立时长表示公司建议需求的大小，公司成立年限越长对建议需求则越低。（5）使用公司规模、复杂性、成长性三个指标的主成分来代理公司建议需求。我们都得到了相似的稳健的结论。限于篇幅，这里不再报告具体结果。

6.5 本章小结

为了检验社会关系对独立董事监督行为的影响，我们把独立董事分为名义和实际独立两类。通过CEO被迫离职的经验证据发现，给定CEO与独立董事之间社会关系的存在，名义独立和实际独立董事占比对公司治理的影响存在显著差异，只有实际独立董事才可以改善公司治理和提升公司绩效。对于CEO的更替，真正的独立董事确实是可以有效监督，提高CEO更替业绩敏感性；相反，那些与CEO有社会关联的灰色董事却成了CEO的“保护伞”，使得他们在公司绩效较差时也难以被撤换。因此，为了有效发挥独立董事的监督职能，现行独立董事选拔制度需要改善，避免任人唯友的现象。对于CEO更替后公司绩效表现，通过PSM方法分析得知，总体而言，CEO离职后公司绩效显著上升，这也证明了撤换低能力CEO的必要性。

从建议需求的角度出发，检验公司建议需求多少与灰色董事数量之间的相关性，判断社会关系对建议行为的影响。灰色董事数量对董事会建议需求做Poisson回归表明，规模大、负债高、成长快的公司需要更多的董事会建议，而这些需求使得灰色董事增多。这就证明了灰色董事，或者说社会关系可以提高独立董事和董事会的建议功能。董事会独立性建设要避免隐形的社会关系对董事会监督行为的侵蚀，同时要尽量发挥这一关系对建议行为的提升作用。最优董事会独立性的多寡取决于董事会的监督和建议需求，其政策含义是独立董事制度不能“一刀切”而应分类讨论。

第七章　公司绩效

社会关系影响了董事会独立性和董事行为，最终对公司绩效带来何种影响呢？理论模型的出的观点是，社会关系对公司绩效的影响是不确定的，而在危机时刻关系可以显著提高公司绩效。这需要进一步地实证检验。而这一点通过公司绩效对关系做回归，并根据公司绩效分样本做回归，很容易验证。绝大多数评价董事会、独立董事效果的文章，都是使用公司绩效水平值来判断的。我们对此做了重大拓展，进一步检验了关系对公司绩效波动的影响。研究发现，独立董事降低了公司绩效波动，而社会关系的存在阻碍了这一作用的发挥。这一结论是符合经济直觉的，与理论模型的第三个观点也是逻辑一致的。

7.1　相关文献与研究假说

7.1.1　独立董事与企业绩效

两权分离后，董事会成为联结股东与管理层的纽带，其主要功能是代表股东利益，对管理层进行监督和建议。而董事会独立性是保证其行使职责的必要条件，并且独立董事制度是各国政府对董事会结构和运作机制做出的最主要的强制性规范。现有文献大量研究董事会独立性是否提升了公司绩效，尤其是美国2002年颁布了《萨班斯法案》之后。然而，学术界并没有得出董事会独立性会提高公司绩效的理论和经验证据（Bhagat and Black，2000；Drakos and Bekiris，2010）。相反，有学者发现独立董事在与CEO就公司决策发生冲突时往往不会采取公开的反对态度（Hermalin and Weisbach，2003），没有很好的维护股东权益（Jensen，

1993)，对公司绩效具有负作用（Yermack，1996）。

对我国独立董事持否定态度的观点更加鲜明。胡勤勤和沈艺峰（2002）发现我国上市公司的经营业绩与独立董事之间的相关性并不显著，上市公司绩效并不受独立董事的影响；李常青和赖建清（2004）证实独立董事比例与公司绩效负相关；王兵（2007）发现独立董事并不能提高公司盈余质量；吴晓晖和娄景辉（2008）发现独立董事的引入对董事会领导权结构的影响不明显，对董事长和CEO变更也没有显著作用；郝云宏和周翼翔（2010）发现董事会独立性对公司绩效无明显的促进效应，但绩效对董事会独立性却呈现出显著的反馈效应。

我们认为，此类研究存在两点不足：第一，用独立董事占董事会的比例来代表董事会独立性的做法不够科学（Fracassi and Tate，2012），它忽视了公司高层决策制定的社会过程（Stevenson and Radin，2009），尤其是社会关系在其中的作用。如果独立董事与CEO具有社会关联，那么董事会独立性的监督作用就会被扭曲，一方面，他们具有相似的偏好、信念和价值观，使得他们的行为本身就具有趋同性①，另一方面，他们会基于共同准则形成一定的利他倾向，作出偏向于彼此的决策。第二，将视角局限于公司绩效的水平值，而忽视了绩效波动问题。独立董事的主要功能是代表股东（尤其是中小股东）监督管理层（Hermalin and Weisbach，2003），监督的结果是公司高管意见趋向于折中，避免极端决策的产生，体现为绩效波动的减少。而对于决策的优化，由于独立董事的社会兼职较多对公司投入时间不足②，主动提出建设性意见较少（Schwartz－Ziv and Weisbach，2013）。因此，独立董事对提升公司绩效水平值的贡献可能没有对抑制波动的贡献那么显著。

关于社会关系对公司绩效的影响，代理理论和友好董事会理论各执一词。代理理论强调董事会的监督职能，认为董事会（尤其是独立董事）可以约束公司经理层及控股股东，保护投资者利益。其引申的政策含义是通过各种机制体现提高董事会的独立性和发挥独立董事的作用。友好董事理论强调董事会的监督职能，认为董事会可以为经理层提供必要的意见建议，提高公司决策的科学性。而我们的理论模型发现，社会关系对公司绩效的影响是不确定的，而在危机时刻关系可以显著提高公司绩效。

假说7－1：社会关系对公司绩效影响不显著，而对于公司绩效较差的样本社

① Burch（2015）认为同质的董事会较少提出异议，而会放大CEO对于具体问题的初始信念。

② 2011年2365家上市公司共设有7685位独立董事职位，而2011年在上市公司从事独立董事的总人数约5500人，平均每位独立董事在1.4家公司任职，有近150位身兼3家以上的上市公司独立董事的职位。

会关系可以提高公司绩效。

目前国内外的研究主要关注公司治理结构与绩效增长的关系，较少讨论治理结构与绩效波动之间的关系（Cheng，2008），而且我国经济系统的一致性和协同性非常强，较容易出现一窝蜂式的羊群效应，因此，研究经济波动的微观机制至关重要。经济波动可以表明经济面临的风险。宏观经济波动反映了一国或地区的经济稳定性和经济周期性变化，是宏观经济研究的核心内容之一。但是现有研究少有关注经济波动的微观机制——企业绩效波动①。对于上市公司的投资者而言，不仅关心公司绩效的增长，而且关心公司绩效的波动情况。绩效增长刻画了投资者财富水平的增减幅度，而绩效波动则反映了投资者财富变化的平滑程度。

为此，我们做了重大拓展，进一步检验了社会关系对公司绩效波动的影响。并且考虑到 CEO－独立董事社会关系的存在，而区分了董事会的名义独立性和实际独立性。这样不仅从公司治理和企业特征方面探索了企业绩效波动的微观机制，而且为社会关系和独立董事提供了更加客观合理的评价。

7.1.2　董事会独立性与公司绩效波动

绩效水平刻画了投资者收益的增减幅度，而绩效波动则反映了投资者收益变化的平滑程度或风险强度，两者都是企业成长发展的重要考核因素，但是对于后者的文献研究相对不足（Cheng，2008）。公司绩效波动的影响因素主要来自三个层面：市场因素，行业因素和企业特定因素（Campbell 等，2001）。企业特定因素对绩效波动产生的影响又称为个体波动。已有研究发现公司治理结构（如董事会规模和高管异质性）是影响个体波动的重要原因。Adam 等（2005）使用美国公司数据进行的实证研究表明，公司 CEO 的权威越大，公司绩效波动越大。李琳等（2009）发现股权制衡可以降低公司绩效波动。权小锋和吴世农（2010）认为 CEO 权威强度加剧了公司绩效波动。杨继东和刘诚（2013）实证检验了高管权威的不同维度对公司绩效的不同影响，研究发现位置权威对波动影响为负，声望权威和所有者权威对波动影响为正，地位稳固权威的影响不显著。Cheng（2008）研究发现，董事会规模越小，决策形成过程中权威倾向于集中，进而导致公司绩效波动越大。

公司治理结构对绩效波动有何影响是探究企业波动微观机制的重要问题，而现有文献只是集中于高管权威和董事会规模，却忽视了连接经理层和董事会的重要纽带——董事会独立性。独立性是董事会代表股东对管理层行使监督和建议职

---

① Comin and Philippon（2005）研究发现，自从 1970 年以来，从利润销售比、销售增长率、就业人数等多种绩效指标来衡量，美国上市公司绩效波动明显增加。

责的前提条件，而事实上管理层对董事会和董事成员往往具有较强的影响力，甚至可以在一定程度上决定董事的选举（Hermalin and Weisbach，1998；Fracassi and Tate，2012；刘诚等 2012）。因此，对于董事会独立性的量化成为考量董事会效率和管理层行为的重要前提，也是公司治理的理论难点（Adams et al.，2010）。所以，不论研究高管权威对绩效波动的影响，还是研究董事会规模的影响，都不能绕开董事会独立性在其中的作用。

有关董事会独立性与公司绩效关系的研究，主要关注董事会独立性是否提高了公司绩效水平值，并且没有达成一致的结论，代表性的观点有两种——代理理论和友好董事会理论。前者认为董事会独立性越强董事的监督作用越强，对公司治理和公司绩效越好；而后者认为，为了保证管理层可以如实地向董事会报告私有信息，以便于董事会提供针对性的建议，可以牺牲一定的董事会独立性。代理理论认为董事的主要职责是监督管理层，并且外部董事（或独立董事）因为其与管理层有更强的独立性而具有更强的监督能力（Weisbach，1988）。Rosenstein and Wyatt（1990）证实任命外部董事进入董事会时，公司股价有正的超额累计回报率，甚至在外部董事已经控制董事会的情况下也是如此。Gillette 等（2003）通过理论模型和实证分析发现，当代理问题非常严重时，让外部董事控制董事会可以抑制公司低绩效产出，即便外部董事不掌握公司内部信息。Adams and Ferreira（2007）认为董事会具有监督和建议两种职能，监督职能要求董事会保持较高的独立性，而建议职能要求董事会与 CEO 保持一定的友好关系。因此，董事会不是越独立越好，具有友好关系的董事也是有价值的。Harris and Raviv（2008）与代理理论认为，通过外部董事控制董事会来加强监督不同，Harris 发现内部董事控制也可能是好的，因为内部人控制能够最大程度利用内部人所具有的对企业有用的私人信息。

虽然有学者开始强调董事的建议功能（Adams and Ferreira，2007），但是没有人否定董事监督功能的重要性，甚至很多学者认为董事的主要职责是监督而不是建议行为。Almazan and Suarez（2003）、Dallas（2003）、Raheja（2005）认为董事的主要职责是监督管理层而不是干预公司的具体活动。Schwartz - Ziv and Weisbach（2013）使用了以色列上市公司 2007—2009 年董事会会议数据，记录了各会议议题讨论的时间，发现董事会大部分时间是花在监督上的①。因此，我们认为董事

① 以往文献由于无法观察到董事会的具体行为，董事行为与公司绩效的研究往往退化为董事会结构与公司绩效（Hermalin and Weisbach，2003），其逻辑前提是结构影响了行为，但是却引入了内生性问题（即绩效也影响了结构）。Schwartz - Ziv（2011）直接使用董事会议数据，观察董事行为本身，不仅省去了迂回还避免了内生性问题，但是作者在文中也指出，这种方式的缺陷在于它忽视了董事会会议之外的行为，而本书的社会关系却是会议之外的重要行为因素。

会的主要职能是监督管理层，而且董事会独立性越强则监督力越强。另一方面，CEO 权力越大则公司决策权越集中，此时管理层的群体决策往往被 CEO 个人所主导，做出极端决策的可能性较大。而董事会监督的主要结果恰恰是使得决策趋向于折中①，避免极端决策的产生，体现为绩效波动的减少和公司经营风险的降低。所以，董事会主要功能是监督，而判断董事会效率应该使用公司绩效波动而不是公司水平值②。由此，我们得到假说 7 - 2。

假说 7 - 2：董事会独立性会增强监督而降低了公司绩效波动。

假说 7 - 2 的主要发现和贡献是，如果假说 7 - 2 得证那么我们从绩效波动的角度找到了独立董事不是“花瓶”的证据。但是，为了精确认识独立董事的本质和董事会独立性的含义，需要进一步探讨董事会独立性的测定方法。

7.1.3 社会关系与公司绩效波动

董事会的主要职责是代表股东对管理层进行监督和建议，减少公司内部代理成本（Adams and Ferreira，2007），董事会独立性是保证其行使职责的必要条件。而管理层对董事会和董事成员往往具有较强的影响力，甚至可以在一定程度上决定董事的选举（Hermalin and Weisbach，1998；Fracassi and Tate，2012；刘诚等 2012）。因此，对于董事会独立性的量化，成为考量董事会效率的重要前提，也是公司治理的理论难点（Adams et al.，2010）。在实证研究中，现有文献普遍采用独立董事占董事会的比例来衡量董事会的独立性，其逻辑假设是：由于独立董事在法律上必须满足与公司和高管个人在金钱及家族上的独立性，且他们大都是社会兼职和领取固定报酬的，使得他们在财务和人事等方面不依附于管理层，因此他们可以保持较强的独立性。然而，这一逻辑假设值得商榷，它没有考虑其中的社会因素，忽视了公司高层决策制定的社会过程。合乎法律规定的独立董事，也许与公司管理层具有密切的社会关系，而经济行为嵌入于社会关系中（Granovetter，1985），成员之间具有友好社会关系或相似社会背景更容易对模棱两可的问题达成一致，这些社会关系使得独立董事难以保持客观独立（Hwang and Kim，2009；Stevenson and Radin，2009；Nguyen，2011；Fracassi and Tate，2012）。因此，我们把董事会独立性定义为两种方式：一是名义独立性，简单地从独立董事占董事会的比例来衡量；二是实际独立性，先从独立董事中识别和剥离与公司

---

① 监督对决策优化的影响是相对较小的，因为监督也可能会拒绝掉好的激进决策。

② 除去代理理论和灰色董事理论的不同观点之外，也有大量文献没有发现董事会独立性增加公司绩效的证据（Hermalin and Weisbach，1991，2003；Bhagat and Black，2000）。

CEO 具有社会关系的董事，再看独立董事的占比。第一种方式是大多数文献的做法，为了保持与以往研究的可比性，以及为了检验这种方式的不合理性，我们依然使用了这一方式。第二种方式，是当前有关文献对董事会独立性的界定，使用这一方式是为了更加精确地检验董事会独立性对公司绩效波动的影响。

CEO－独立董事社会关系使得独立董事被 CEO 俘获，严重阻碍了董事会对管理层的独立监督职能（Kramarzy and Thesmar，2013；Hwang and Kim，2009）。也有学者认为灰色关系导致了董事选举（Kuhnen，2009）、CEO 更替（Nguyen，2011）、企业投资（Guner 等，2008）等公司治理的扭曲和低效率。Fracassi and Tate（2012）认为 CEO－独立董事社会关系不仅弱化了董事会的监督，而且降低了公司价值，作者发现与 CEO 有关联的董事的死亡或退休，会引起公司价值的显著增长。因此，得到假说 7－3。

假说 7－3：董事会名义独立性会降低公司绩效波动但是显著性不足；CEO－独立董事社会关系会提高公司绩效波动；董事会实际独立性会显著降低公司绩效波动。

假说 7－3 是假说 7－2 的延伸，它在董事会独立性中纳入社会关系这一重要因素，并进一步检验了董事会独立性对公司绩效波动的影响。同时，它也回答了已有文献在检验董事会独立性的效果时，得到了模棱两可的结论的另一个原因——对董事会独立性的认识不够合理①。

7.2 研究设计

7.2.1 样本选择

本章的数据来自国泰安信息技术有限公司 CSMAR 数据库和北京色诺芬信息技术公司 CCER 数据库。选样标准如下：使用中小板自 2004 年建立至 2011 年底所有企业，采用 5 年移动平均计算当年的公司绩效波动，得到 2006—2009 年的非平衡面板数据作为初步样本；进而，剔除金融类公司和样本期间被 ST 的公司，并通过 CSMAR 和 CCER 数据库添加样本公司董事会独立性和控制变量的数据，剔除了数据库中数据严重缺失的样本。最终，本章选取了 2006—2009 年 422 家中小板企业作为研究对象。

① 结合假说 7－1 和假说 7－2，我们认为检验董事会独立性的效果和独立董事的作用，要从绩效波动而不是绩效水平来评判，而且要区分名义独立性和实际独立性。

7.2.2　计量方程

为了检验社会关系对公司绩效的影响，我们使用的基本计量方程为：

$$performance_{it} = \alpha_0 + \alpha_1 independent_{it} + \beta z_{it} + u_{it} \qquad (7-1)$$

（7－1）式左边被解释变量是公司 i 的绩效水平值或波动值。右边变量是解释变量，包括公司 i 的董事会独立性 *independent* 和控制变量 z。控制变量主要包括企业的实际控制人性质、年龄、规模、成长性等，我们还控制了年度时间效应和公司个体固定效应。

7.2.3　指标设计

在实证分析之前，分别对公司绩效波动、CEO－独立董事社会关系、董事会独立性，以及其他控制变量进行界定和说明。

公司绩效和绩效波动

公司绩效，使用净资产收益率（ROE）和总资产收益率（ROA）来表示。公司绩效波动，使用公司绩效时间变化的标准差与公司绩效的比值的绝对值来衡量。在 $\tau=0$ 时期，公司绩效指标 γ 时间变化的标准差为 $\sigma_{it} = \left[\frac{1}{5}\sum_{\tau=-2}^{\tau=2}(\gamma_{it-\tau}-\bar{\gamma}_{it})^2\right]^{1/2}$，其中 $\bar{\gamma}$ 表示 γ 在 5 年内的均值（Comin and Philippon, 2005），这里 γ 为净资产收益率（ROE）和总资产收益率（ROA）。具体的，这里使用 2004—2011 年公司财务数据，计算得到企业 2006—2009 年间资产收益率（ROE 或 ROA）① 的 5 年（本年度和前后两年）移动平均的标准差，进而使用该标准差除以年度资产收益率（ROE 或 ROA）的绝对值，来衡量公司绩效波动率作为公司绩效波动的代理变量。

CEO－独立董事社会关系

本章利用中小板 2006—2009 年企业数据，筛选出每家公司的 CEO 及其独立董事，进而使用 CEO 和董事们的个人简历信息手工识别 CEO－独立董事社会关系。这里使用是否具有社会关系的二值变量来衡量灰色关系，老乡、校友和共同工作经历，三个方面都没有社会关系则取值为 0，否则取值为 1。把公司所有独立董事的灰色关系加总就得到 CEO－独立董事社会关系的数量，也就是灰色董事的数量。CEO－独立董事社会关系（Gray）＝灰色董事人数/董事会人数。

---

① 净资产收益率＝净利润/（股东权益期末余额与期初余额的均值），总资产收益率＝净利润/（资产合计期末余额与期初余额的均值）。

董事会独立性

这里把具有 CEO－独立董事社会关系的独立董事认定为灰色董事。使用两种方式衡量董事会独立性：一是名义独立性（Indep），简单地从独立董事占董事会的比例来衡量，即名义独立性＝独立董事人数/董事会人数；二是实际独立性（Indep_ real），先从独立董事中识别和剥离灰色董事，再看独立董事的占比，即实际独立性＝（独立董事人数—灰色董事人数）/董事会人数。第一种方式是大多数，为了保持可比性，以及为了检验这种方式的不合理性，我们依然使用了这一方式。第二种方式，是当前有关文献对董事会独立性的界定，使用这一方式是为了更加精确地检验董事会独立性对公司绩效波动的影响。

控制变量

根据 Adams 等（2005）和 Cheng（2008）的研究，我们选取的控制变量有：1）CEO 权威（Power），使用董事长 CEO 是否两职合一来表示；2）董事会规模（Boards），使用董事会成员人数表示；3）企业的实际控制人性质（State），刘芍佳等（2003）根据上市公司披露的终极控制人数据将上市公司分为国有控股和非国有控股，这里把政府行政部门控制、事业机构控制、国有独资、国有控股的公司全部认定为政府最终控制，其他公司认定为非政府控制；4）公司年龄（Age），公司成立的时间；5）公司规模（Size），公司总资产的自然对数；6）公司成长性（Tobin's q），使用 Tobin's q 来衡量，等于公司市值与公司账面值的比值；7）年度变量（Year），用来控制时间效应。表 7－1 给出了主要变量的定义。

表 7－1　　主要变量名称和定义

变量		符号	定义
绩效波动	净资产收益率波动率	Vroe	|净资产收益率五年移动平均标准差/净资产收益率|
	总资产收益率波动率	Vroa	|总资产收益率五年移动平均标准差/总资产收益率|
董事会独立性	名义独立性	Indep	独立董事人数/董事会人数
	实际独立性	Indep_ real	（独立董事人数—灰色董事人数）/董事会人数
CEO－独立董事关系数量		Gray	灰色董事人数/董事会人数
CEO 权威		Power	董事长 CEO 是否两职合一，是取 1，否取 0
董事会规模		Boards	董事会人数
实际控制人性质		State	实际控制人是政府则取 1，否则取 0
公司年龄		Age	在 t 年公司已经成立的时间
公司规模		Size	公司总资产的自然对数
公司成长性		Tobin's q	公司市值/公司账面值
年度变量		Year	年度虚拟变量

7.2.4　描述统计

表7－2给出了变量的描述统计。净资产收益率波动率和总资产收益率波动率的均值大约都在1.5，波动幅度不大，但是公司间差异较大，个别公司波动的标准差是公司水平值的几十倍。公司董事规模平均约为9人，独立董事占比平均为36.2%，其中灰色董事约占独立董事的一半，使得实际独立性降低为0.194，可见使用名义独立性和实际独立性来衡量董事会独立性有明显差异。从CEO是否兼任董事长来看，大部分公司是董事长和总经理两职分离的，只有27.7%的公司选择两职合一。政府控制的公司较少，只占17.4%，公司成立时间平均为8.431年，资产平均为17.7亿元；托宾q（Tobin's q）平均为2.11。

表7－2　描述统计

变　量	观测值	均　值	标准差	最小值	最大值
Vroe	422	1.456	4.190	0.051	38.890
Vroa	422	1.412	3.887	0.052	35.758
Indep	417	0.362	0.046	0.143	0.571
Indep_ real	417	0.194	0.024	0.000	0.538
Gray	417	1.78	1.06	0	5
Power	422	0.277	0.448	0.000	1.000
Boards	417	8.916	1.586	3.000	15.000
State	408	0.174	0.380	0.000	1.000
Age	422	8.431	2.744	3.000	21.000
Size	422	1.774	2.743	0.226	35.840
Tobin's q	422	2.110	1.372	0.815	10.244

7.3　实证结果

7.3.1　社会关系与公司绩效水平值

绝大多数评价董事会、独立董事效果的文章，都是使用公司绩效水平值来判断的。为了保持可比性，本章首先对社会关系与绩效水平值做回归分析。本书理论模型发现，社会关系对公司绩效的影响是不确定的，而在危机时刻关系可以显著提高公司绩效，也即假说7－1要检验的内容。这一点通过公司绩效对关系做回归，并根据公司绩效分样本做回归，很容易验证，实证结果如表7－3所示。

表7－3　　社会关系与公司绩效

解释变量	绩效水平值			
	全样本 ROE	全样本 ROA	低绩效样本① ROE	低绩效样本 ROA
Gray	－0.141 (0.109)	－0.299 (0.193)	0.295* (0.166)	0.640** (0.266)
Power	0.010 (0.013)	0.019 (0.023)	－0.001 (0.011)	－0.022 (0.021)
Boards	0.005 (0.004)	0.006 (0.008)	0.004 (0.006)	0.008 (0.010)
State	－0.016 (0.027)	－0.033 (0.048)	－0.002 (0.021)	－0.006 (0.040)
Age	－0.011*** (0.004)	－0.022*** (0.007)	－0.008* (0.004)	－0.010 (0.008)
Size	0.046*** (0.012)	0.085*** (0.022)	0.040*** (0.011)	0.047* (0.027)
Tobin'q	0.014*** (0.003)	0.020*** (0.005)	0.004 (0.005)	0.006 (0.009)
Cons	0.123* (0.072)	0.280** (0.127)	－0.241** (0.106)	－1.278*** (0.172)
年度	否	否	是	是
个体效应	是	是	是	是
观测值	403	403	201	202
R－squared	0.179	0.154	0.259	0.180

注：括号中报告的是稳健性标准误。“是”表示控制了相关变量的固定效应。R－squared是组内R平方。***，**，*分别代表1%，5%和10%的显著性水平。

7.3.2　董事会名义独立性与公司绩效波动

为了验证两个假说，我们首先考察董事会名义独立性对公司绩效波动的影响。董事会名义独立性的衡量使用一般做法，即名义独立性＝独立董事人数/董事会人数。对方程（7－1）进行回归，使用面板固定效应方法估计。计量结果如表7－4所示。模型（1）和（2）是绩效波动对名义独立性直接回归，在此基础上加入控制变量得到模型（3）和（4）。结果表明使用总资产收益率的波动

① 绩效高低样本以中位数来分组。

（Vroa）做被解释变量时，名义独立性可以显著降低公司绩效波动，但是只在10%水平上显著；然而，使用净资产收益率的波动（Vroe）作被解释变量时，名义独立性的作用不再显著。这在一定程度上验证了假说7－1，董事会独立性会降低了公司绩效波动，同时验证了假说7－2的第一个结论，董事会名义独立性会降低公司绩效波动但是显著性不足。而且，研究发现，与Adams等（2005）、权小锋和吴世农（2010）的结果不同，CEO权威可以降低公司波动，产生这种差异结果的可能原因是，CEO权威对绩效波动的影响依权威的维度和测度方法不同而不同（杨继东和刘诚，2013）。与Cheng（2008）的实证结果相同，董事会规模可以降低公司波动，但是我们的经验结果并不显著。此外，我们发现，实际控制人性质是国有还是私有并不影响绩效波动，公司年龄的作用也不显著，公司规模和成长性可以显著降低公司波动。

表7－4　　　　名义独立性与绩效波动

解释变量	绩效波动			
	模型（1） Vroe	模型（2） Vroa	模型（3） Vroe	模型（4） Vroa
Indep	－12.010 (8.631)	－19.353* (10.025)	－16.001 (14.222)	－32.229* (16.643)
Power			－1.896 (1.727)	－4.251** (2.021)
Boards			－0.001 (0.580)	－0.235 (0.679)
State			1.498 (3.531)	－0.323 (4.133)
Age			0.917 (0.597)	－0.183 (0.698)
Size			－2.988* (1.644)	－3.520* (1.924)
Tobin'q			－0.856* (0.435)	－0.405 (0.509)
Cons	5.863* (3.126)	8.616** (4.325)	2.669 (9.594)	20.266* (11.227)
年度	否	否	是	是
个体效应	是	是	是	是
观测值	417	417	403	403
R－squared	0.004	0.008	0.061	0.103

注：括号中报告的是稳健性标准误。“是”表示控制了相关变量的固定效应。R－squared是组内R平方。***，**，*分别代表1%，5%和10%的显著性水平。

7.3.3 董事会实际独立性与公司绩效波动

我们发现，董事会独立性对于降低公司绩效波动的结论，计量上是显著性不足的、模棱两可的，这与现有文献对于独立董事提升公司绩效的结论充满了争议①是相似的，其重要原因是对董事会独立性的认识不够合理，忽视了董事与管理层的友好关系对公司决策的社会影响。为此，我们进一步检验董事会实际独立性与公司绩效波动的关系。

董事会实际独立性的测算，首先通过老乡、校友和共同工作经历，来识别CEO－独立董事社会关系的存在与否，识别出灰色董事，然后计算董事会实际独立性，实际独立性＝（独立董事人数—灰色董事人数）/董事会人数。与上述回归相同，依然对方程（7－1）进行回归，并使用面板固定效应方法估计。计量结果如表7－5所示。模型（1）和（2）是绩效波动对实际独立性直接回归，在此基础上加入控制变量得到模型（3）和（4）。显然，实际独立性显著可以降低公司绩效波动，而不论使用Vroe还是Vroa作为被解释变量，不论是否加入控制变量。这验证了假说7－1，董事会独立性会降低了公司绩效波动，同时验证了假说7－2的第三个结论，董事会实际独立性会显著降低公司绩效波动。并且，通过比较表7－4和表7－5的实证结果，可以间接证实了假说7－2的第二个结论，CEO－独立董事社会关系会提高公司绩效波动。此外，与表7－4的结果相比，其他变量的显著性没有明显变化。

表7－5 实际独立性与绩效波动

解释变量	绩效波动			
	模型（1） Vroe	模型（2） Vroa	模型（3） Vroe	模型（4） Vroa
Indep_ real	－31.362* （14.201）	－43.214** （17.390）	－38.531* （20.307）	－67.308** （23.472）
Power			－1.907 （1.789）	－4.580** （2.036）
Boards			－0.002 （0.596）	－0.234 （0.681）
State			1.643 （4.420）	－0.372 （4.109）

① 大量文献没有发现董事会独立性增加公司绩效的证据（Hermalin and Weisbach，1991，2003；Bhagat and Black，2000）。

续表

解释变量	绩效波动			
	模型（1） Vroe	模型（2） Vroa	模型（3） Vroe	模型（4） Vroa
Age			0.938* (0.542)	-0.255 (0.903)
Size			-2.991* (1.656)	-3.564* (1.810)
Tobin'q			-0.799* (0.413)	-0.518* (0.346)
Cons	6.071* (3.415)	8.703** (4.032)	2.905 (10.007)	23.104* (12.350)
年度	否	否	是	是
个体效应	是	是	是	是
观测值	417	417	403	403
R - squared	0.010	0.014	0.072	0.131

注：括号中报告的是稳健性标准误。"是"表示控制了相关变量的固定效应。R - squared 是组内 R 平方。***，**，*分别代表1%，5%和10%的显著性水平。

该结论的经济含义是：独立董事的监督会抑制极端决策的发生，使得企业波动减小。然而，灰色董事会减少对 CEO 的监督，增大了极端决策的发生、犯错误的可能，导致绩效波动加剧。该结论的主要意义是：第一，证实了独立董事不是"花瓶"，可以降低公司波动、降低经营风险；第二，验证了灰色关系对于董事会监督的弱化，以及它对于独立董事制度合理性的破坏，对独立董事选聘制度"任人唯亲"现象提出了批判和改进方向。

7.3.4 稳健性检验

动态面板

本年度公司绩效波动可能受到上年度绩效波动的影响，这一思想最早体现在 Engle（1982）和 Bollerslev（1986）创立的广义 ARCH 模型中，并在金融学和经济学各领域得到了广泛应用①。为此，本章在解释变量中控制了上年度公司绩效波动，作为以上结论的一个稳健性检验。此外，由于上年度公司绩效波动是内生变量，为了解决内生性问题，我们使用由 Blundell and Bond（1998）以及 Arellano

① 例如，与 ARCH 理论相似，资本动态结构理论认为公司资本结构围绕最优结构上下波动，即本年度波动方向很可能与上年度波动相反。

and Bover（1995）引入的系统 GMM 估计方法。系统 GMM 的基本思想是，一方面使用一阶差分方法消除固定效应，并利用解释变量的水平滞后项作为差分项的工具变量；另一方面为了弥补当被解释变量接近随机游走时，水平滞后项对未来信息传递的不足所引致的弱工具变量问题，又通过引入水平方程的矩条件约束来增加工具变量的数目。引入公司绩效波动的滞后项后，使用系统 GMM 方法的估计结果如表 7－6 所示。结果表明上年度波动对本年度波动有显著负影响，公司绩效波动呈现回归均值的特征。与上文结论是一致的，名义独立性和实际独立性都会降低绩效波动，并且后者更显著。

表 7－6　　　　　　　　　　动态面板

	绩效波动			
解释变量	模型（1） Vroe	模型（2） Vroa	模型（3） Vroe	模型（4） Vroa
上年度绩效波动	－0.087*** （0.021）	－0.061** （0.030）	－0.101*** （0.032）	－0.075** （0.038）
名义独立性 Indep	－10.072 （7.535）	－15.652* （8.074）		
实际独立性 Indep_ real			－49.570*** （12.843）	－32.792** （15.466）
控制变量	是	是	是	是
常数项	是	是	是	是
年度	是	是	是	是
个体效应	是	是	是	是
观测值	200	200	200	200
AR（2）	0.652	0.879	0.950	0.826
Hansen	0.438	0.406	0.549	0.634

注：括号中报告的是稳健性标准误。“是”表示控制了相关变量的固定效应。***，**，*分别代表 1%，5%和 10%的显著性水平。AR（2）表示二阶序列相关的 Arrelano－Bond 检验的 p 值，该检验的原假设为误差项的一阶差分不存在序列相关。Hansen 表示工具变量有效性的 Hansen 检验的 p 值，该检验的原假设为所选取的工具变量满足矩条件。

董事会独立性降低绩效波动的条件

董事会独立监督作用主要体现为对管理层的约束和制衡，然而现有文献对高管权威增强还是降低公司绩效波动是有争议的。Sah and Stiglitz（1986）指出，在组织内部的团队决策过程中，决策权威越集中，绩效波动越大。Adam 等（2005）也实证发现，公司 CEO 的权威越大，公司绩效波动越大。同时，也有学者认为强权的 CEO 会倾向于从事降低风险的活动（Amihud and Lev，1981），会偏好于维持一种宁静的生活（Bertrand and Mullainathan，2003）。然而，不论这些观点孰是孰非，一个显而易见的事实是，董事会的监督和制约力很难对不积极不活跃的管理层产生影响，也即董事会独立性的监督作用在平稳公司中效果较差（Kang 等，2012）。因此，我们做了第二稳健性检验：对绩效波动较大和较小的公司进行分组回归，并预期在绩效波动大的样本组，董事会独立性降低公司波动的作用更显著。

使用总资产收益率波动率（Vroa）作为被解释变量，根据 Vroa 的中位数把样本分为波动较大和较小两组，计量结果如表 7－6 所示。与全样本的回归结果相比，波动较小的样本组独立性降低波动的作用在下降，且显著性降低了，而波动较大的样本组独立性的作用增强且更加显著。这样，我们不仅进一步验证了两个假说，还得到了董事会独立性降低公司波动的一个条件：管理层表现积极，公司绩效波动较大。

表 7－7　　分组回归

	Vroa			
解释变量	模型（1） 波动较小	模型（2） 波动较大	模型（3） 波动较小	模型（4） 波动较大
名义独立性 Indep	－20.819 （13.752）	－51.309** （18.031）		
实际独立性 Indep_ real			－53.458* （27.754）	－82.005*** （20.404）
控制变量	是	是	是	是
常数项	是	是	是	是
年度	是	是	是	是
个体效应	是	是	是	是
观测值	202	202	202	202
R－squared	0.084	0.114	0.125	0.138

注：括号中报告的是稳健性标准误。“是”表示控制了相关变量的固定效应。R－squared 是组内 R 平方。＊＊＊，＊＊，＊分别代表 1%，5% 和 10% 的显著性水平。

7.4　本章小结

现有文献对社会关系如何影响公司绩效有重大分歧，而且对经济波动的微观机制的研究相对不足。公司治理结构如何影响企业绩效波动呢？已有文献关注了

CEO 权力（Adams 等，2005）和董事会规模（Cheng，2008）对公司绩效波动的影响，但没有阐释董事会独立性在其中的作用。而且对董事会功用的研究侧重分析公司绩效水平值。本书则着重检验了董事会独立性与公司绩效波动间的关系，并证明了独立董事具有降低企业绩效波动的功用。研究发现，社会关系对公司绩效的影响是不确定的，而在危机时刻关系可以显著提高公司绩效；独立董事降低了公司绩效波动，而社会关系的存在阻碍了这一作用的发挥。

首先，我们根据现有文献成果得出了假说一：董事会独立性会增强监督而降低了公司绩效波动。进一步的，本章引入了社会关系因素，拓展了董事会独立性的认识，并提出了假说二：董事会名义独立性会降低公司绩效波动，但是显著性不足；CEO－独立董事社会关系会提高公司绩效波动；董事会实际独立性会显著降低公司绩效波动。

本章使用中小板自 2004 年建立至 2011 年底所有企业，采用 5 年移动平均计算当年的公司绩效波动，得到 2006—2009 年的非平衡面板数据作为初步样本；进而，手工识别了 2006—2009 年 CEO－独立董事社会关系；然后，构建了董事会名义独立性和实际独立性两个主要解释变量，并引入了 CEO 权威、董事会规模、实际控制人性质等多个控制变量；使用面板固定效应方法进行了计量分析，检验了三个假说；最后，使用动态面板和分组回归对有关结论进行了稳健性检验和拓展研究。

第八章　中小股东保护

区别于对公司治理研究以公司绩效为唯一标准的做法，我们第四个主要观点落脚在中小股东保护问题上。该观点分为两部分，大股东与独立董事社会关系的存在，不能克服第一类代理问题，反而加剧了第二类代理问题。显然，后者是我们研究的一个重点。为了保持前后文的主题一致，我们实证检验了大股东 - 独立董事社会关系与中小股东保护的影响。并且，本章侧重了社会关系与声誉的比较研究，综合检验了大股东 - 独立董事社会关系、独立董事声誉对中小股东保护的影响。

8.1　股东保护研究背景

投资者保护程度直接影响到一国的金融和经济发展。投资者保护可以改善公司治理（Bae 等，2012），提高投资效率（Mclean，2012），是我国金融体制改革顶层设计的主要目标之一。我国证监会也正在力图整肃上市公司，2012 年上半年就内部交易和不法行为展开了 180 个调查，比去年同期上升了 70%。然而，控股股东的“关联交易”、“掏空”等侵害中小股东利益的行为，仍然广泛存在。

世界各国的上市公司大都是由大股东通过金字塔股权结构等方式实际控制着（La Porta 等，1999）。控股股东可以根据“一股一票”原则直接操纵股东大会，还可以通过董事选举间接控制董事会，使它们从民主决策机构演变成控股股东掏空上市公司利益的工具。大股东的掏空行为不仅存在于法治落后的发展中国家，也存在于法律健全的发达经济体（Johnson 等，2000）。已有研究主要给出了两条解决思路：一是股权分散和制衡，然而股权的分散又会导致股东的搭便车行为，弱化股东对经理人的监督，出现内部人控制现象（Shleifer，1986；Claessens 等，2000）。二是在董事会中引入独立董事，代表公司整体利益尤其是中小股东的利益（Adams 等，2010；叶康涛等，2007），事实上世界各国监管机构也都在试图加强独立董事的作用。本章对于股东保护的分析主要基于独立董事制度这一思路展开，并着重阐释独立董事在股东保护中的表现是忠诚于中小股东还是被控股股东俘获，什么情况下会忠诚，什么情况下会俘获。

我国上市公司股权高度集中，分散的中小股东没有能力和意愿对大股东产生有效制衡。而且，现有的董事会选举和股东表决规则，虽然有效地保护了大股东的合法产权，却使得中小股东的利益更加难以伸张。因而，独立董事制度应运而生，2001 年我国发布的《指导意见》规定，独立董事对公司及全体股东负有诚信与勤勉义务，尤其要关注中小股东的合法权益不受损害，不受公司主要股东、实际控制人以及其他与上市公司存在利害关系的单位或个人的影响。不幸的是，独立董事在中小股东保护方面的功效，在理论研究上仍然没有达成一致的肯定的看法（叶康涛等，2007；杜育华，2010）。我们认为，其原因在于，目前把独立董事当成同质的每个人都独立于大股东的个体，而实际上独立董事是异质的，他们是否独立于大股东、是忠诚于中小股东还是被大股东俘获，很大程度取决于他们的监督意愿。也就是说，独立董事对中小股东的保护，没有一个统一的行为模式。

独立董事制度的引入，明确赋予了独立董事保护中小股东的职责，并给予了相应的制度保证。而且，独立董事人选大都是财会、法律或公司所在行业的专家学者以及前政府官员，是社会精英人士，具备在上市公司参政议政的能力。然而，独立董事是否有意愿去保护中小股东呢？对此，目前重视不足，而我们认为这恰恰是独立董事忠诚还是俘获的关键。由于独立董事要保持独立性，货币激励的作用空间有限。Fama and Jensen（1983）认为，独立董事的激励主要来自于社会声誉。那么，这一声誉是对于谁而言的？是对于社会上其他大股东，还是对于公众股股东。显然一个很少对大股东（以及大股东控制的管理层）发表异议的独立董事，在社会高管阶层里会有更高的声誉（陈艳，2008），但这与独立董事制度的初衷背道而驰。我们认为，具有较高社会地位的独立董事看重的是在社会公众中的声誉，他们会认真监督大股东和高管行为并对其不当决策说“不”。同时，经济行为具有社会嵌入性（Granovetter，1985），社会关系可以很大程度上决定行为沿着哪条轨道被利益推动向前，例如董志强和蒲勇健（2006）认为独立董事和大股东可能合谋掏空公司利益。因此，我们认为独立董事也会在乎他们与大股东的社会关系，较强的监督会损害这一关系进而带来损失。即独立董事保护中小股东的意愿取决于他们的社会性，一是在社会公众眼里的声誉，二是与大股东之间的老乡、校友、同事等社会关系。

简言之，独立董事在中小股东保护中的功效，不是取决于独立董事的能力而是他们的意愿。声誉和社会关系决定了独立董事的监督意愿和行为，进而决定了他们是忠诚于中小股东还是被大股东俘获。

8.2　研究假说

8.2.1　文献评述

Berle and Means（1932）认为，股权分散会产生股东与经理层之间的代理问题。然而，La Porta 等（1999）、Claessens 等（2000）、Johnson 等（2000）等研究发现，不论一国或地区的法系、法治水平和经济发达程度如何，公司股权集中和大股东掏空都是普遍现象。股权集中的事实背景下，股东大会和董事会的投票选举制度，实际上是以形式的合法公平，掩盖事实上的不合法不公平，控股股东会做出损害中小股东利益的不当行为。控股股东和中小股东之间的代理问题开始受到广泛关注。独立董事制度应运而生。世界各国监管机构大都强制要求上市公司聘任独立董事，来代表全体股东尤其是中小股东的利益。我国独立董事制度也对独立董事给予了厚望。《指导意见》明确规定，我国上市公司独立董事人数不少于董事总人数的1/3，独立董事必须在审计委员会等专业委员会中占多数并担任召集人，并赋予了独立董事对关联交易等可能损害中小股东利益的事项进行审核和发表独立意见的权力。

代理理论认为，独立董事因其与经理层的独立性而具有较强的监督能力（Adams 等，2010）。Wang and Dewhirst（1992）证实了独立董事的行为是股东导向的，而且会考虑所有利益相关者的利益。Johnson and Greening（1999）、Mallin and Michelon（2011）发现独立董事比例与公司的社会表现正相关。针对我国独立董事的少数研究也发现了独立董事可以有效保护中小股东。王跃堂（2003）发现独立董事制度有助于提高公司盈余信息的可信性。叶康涛等（2007）在控制独立董事内生性情况下，发现独立董事比例与大股东资金占用显著负相关。

虽然独立董事制度在世界各国盛行，也得到了一些支持，但是理论和实业界对独立董事功用的质疑声音也相当普遍。对于我国独立董事的评价，更是几乎一边倒地认为，我国独立董事只是“花瓶”和“橡皮图章”。申明浩（2008）发现我国民营上市公司的独立董事没有发挥有效的监督作用，没有防范和制衡家族控股股东的隧道行为。唐清泉等（2005）和高雷等（2006）考察了独立董事与大股东资金占用之间的关系，发现独立董事不能显著降低大股东资金占用。

独立董事在股东保护中的作用，是富有争议的。目前把独立董事当成同质的每个人都独立于大股东的个体，从他们的人数或比例来解读股东保护行为和结果。而这一逻辑思路是不合理的，它遗漏了独立董事的监督意愿，或者说它没有考虑社会激励问题。现实中独立董事是异质的，他们是否独立于大股东、是忠诚于中小股东还是被大股东俘获，很大程度取决于他们的社会激励和监督意愿。因为已有文献没有在意愿这个中间变量上对独立董事做出区分，得出的独立董事行为当然就是模棱两可的。

8.2.2　声誉和社会关系

由于难以直接观察独立董事的具体行为，现有研究大都退化为董事会结构（独立董事比例）对股东保护的影响（Hermalin and Weisbach，2003）。其逻辑前提是结构影响了行为，但结构与行为不是一一对应的，同样的董事会结构可能会有不同的董事行为，使得股东保护有很大差异。为此，必须分析独立董事的监督意愿。由于独立董事要保持独立性，货币激励的作用空间有限。因而，独立董事的监督意愿主要来自社会激励，具体而言是声誉和社会关系两方面。

Fama and Jensen（1983）认为，声誉激励是独立董事比内部董事更能有效监督的基础。虽然少数学者关注了独立董事在大股东和高管阶层中“温顺听话”的声誉，例如唐雪松（2010）证实了说“不”会导致独立董事离职率上升，陈艳（2008）发现独立董事发表异议会降低其获取新职位的可能性。我们认为独立董事的声誉是对于社会公众股东而言的，因为保护中小股东是独立董事的法定职责，不作为不勤勉监督的行为是会损害其声誉的。事实上，具有较高社会地位的独立董事非常在意他们在社会公众中的声誉（Fama and Jensen1983；Zahra and Stanton，1988），维护社会公众股股东的利益会提高他们的社会声望（Haniffa and Cooke，2005），而且绩效较差公司的独立董事很难再被聘任为其他公司的董事（Kaplan，1990）。此外，Hillman 等（2000）发现独立董事还会关注社区公众的利益，Johnson and Greening（1999）、Mallin and Michelon（2011）证实独立董事比例与公司的社会表现正相关。所以，我们认为独立董事声誉激励越强，越会勤勉监督大股东和高管行为并对其不当决策说“不”，越忠诚于中小股东。我们得到假说 8 - 1。

假说 8 - 1：声誉会促进独立董事的忠诚化。

决定独立董事对大股东监督意愿的另一方面是独立董事与大股东的社会关系。经济行为具有社会嵌入性（Granovetter1985），社会关系可以很大程度上决定行为沿着哪条轨道被利益推动向前。一方面，社会关系中的人们具有相似的偏好、信念和价值观，使得他们的行为本身就具有趋同性；另一方面，他们会基于共同准则形成一定的利他倾向，行为活动受群体共同利益的影响（Akerlof and Kranton，2000）。实际上，我国上市公司大部分独立董事是由第一大股东提名和推荐产生的，他们与CEO可能存在同学、校友、老乡等社会关系（刘诚等，2012），或者对大股东具有有感恩心理（Coles等，2014），这可能扭曲独立董事的客观监督的意志（Fracassi and Tate，2012）。皮建材（2009）认为关系型治理是我国家族企业的重要治理方式，董志强和蒲勇健（2006）研究发现，独立董事和大股东可能合谋掏空公司利益。因此，我们认为独立董事与大股东的社会关系会降低他们的监督意愿，使其被大股东所俘获，而不能有效保护中小股东利益。我们得出假说8-2。

假说8-2：独立董事与大股东的社会关系会促使独立董事被俘获。

独立董事与大股东的社会关系的存在，是与关联关系董事的表决权排除制度相违背的①。被俘获的独立董事不仅不能代表中小股东利益，甚至可能成为关联关系董事的代言人。然而，社会关系的作用是双向的，即彼此都会在意对方的利益。Akerlof（1982）提出了"礼物交换"的概念，Rabin（1993）提出了"互惠"的概念，两者都是人"以德报德"的自然属性。Falk（2007）证明了互惠的普遍存在性，并发现即使是捐赠者也有互惠心理。Lee and Persson（2011）证明了不仅存在监督者被委托人俘获的现象，而且委托人也可能为了监督者的利益而选择被反向俘获②。所以，我们认为在独立董事的声誉较高时，大股东会为了不影响独立董事的声誉而减少对中小股东的侵害。我们得到假说8-3。

假说8-3：声誉会降低社会关系对独立董事的俘获程度，声誉足够高时甚至会出现独立董事俘获大股东的现象。

8.3 研究设计

8.3.1 样本选择

本章以2007—2010年深交所中小板上市公司为研究样本。筛选原则如下：

---

① 关联关系董事的表决权排除制度要求，上市公司董事与董事会会议决议事项所涉及的企业有关联关系的，不得对该决议行使表决权，也不得代理其他董事行使表决权。

② 社会资本观点认为，社会关系利于信任与合作，而权贵资本主义观点认为，社会关系导致掠夺和腐败。Lee and Persson（2011）则认为关系本身是一个中性的治理工具，起到"激励桥梁"的作用。我们也认为关系本身没有好坏的之分，关系多寡的取舍决定于具体的治理环境。

（1）剔除了金融类公司和样本期间被 ST 的公司；（2）为了除去 IPO 的影响，剔除了当年度上市的公司；（3）为了防止兼并或重组的影响，剔除了样本区间内总资产成长率或主营业务收入成长率大于 100% 的公司；（4）并剔除了数据库中数据严重缺失的样本。最终，我们的样本为 956 个，其中，2007 年 115 个、2008 年 218 个、2009 年 269 个、2010 年 354 个。本章公司治理和财务数据来自国泰安信息技术有限公司（GTA）的 CSMAR 数据库，而大股东和独立董事的个人简历信息通过上市公司年报、CSMAR 数据库和百度百科手工搜集。

8.3.2 变量定义

中小股东保护

我们使用大股东占用公司资金情况来度量中小股东保护程度。许多公司的高额“其他应收款”不完全是虚构利润的结果，而是大股东占用公司资金的结果。早在 2001 年，中国上市公司就进行了大规模清理欠款的努力，大部分欠款都是大股东挪用资金的结果，而且大部分正是以“其他应收款”的名义进入会计账目。所以，根据叶康涛等（2007）、邓德军和范利民（2009）的做法，本章使用其他应收款来表示大股东资金占用情况。具体的，这里使用其他应收款净额的自然对数（Tunnel）、其他应收款净额与公司总资产的比例（Tunnel2）表示中小股东保护程度，两个变量的取值越大则代表中小股东保护程度越低。

大股东 - 独立董事社会关系

因为大股东是一个空泛的概念，这里假定董事长是大股东的代表。董事长不仅具备年龄、性别、能力等个人特征，他更具有大股东委派和授权的组织特征，他往往代表大股东而不是所有股东来行使权力和做出公司决策。如果最终控制人是个人，该控制人一般就是董事长本人，他身上集中体现了控股股东的利益。如果最终控制人是组织机构，那么董事长往往是控股股东委派的代表，那么他的任免、薪酬、决策权力大小都在很大程度上受制于控股股东，他的利益也就与控股股东高度一致。因此，从组织的角度看，董事长是大股东的代理人，他身上可以集中体现出大股东的偏好和行为。

利用中小板 2007—2010 年企业数据，筛选出每家公司的董事长及其独立董事，进而使用董事长和独立董事们的个人简历信息，手工识别出了大股东 - 独立董事社会关系。这里使用是否具有社会关系的二值变量来衡量灰色关系，老乡、校友和共同工作经历三个方面都没有社会关系则取值为 0，否则取值为 1。把公司所有独立董事的灰色关系加总就得到大股东 - 独立董事社会关系的数量（Gray2）。

声誉

借鉴周良和陈共荣（2011）的做法，使用独立董事职称来衡量其声誉，是否具有高级职称来区分其声誉的高低。这里在公司层面，声誉（Reputation）=高职称独立董事人数/独立董事人数，来表示公司独立董事群体的声誉情况，Reputation取值越高说明该公司独立董事声誉越高。

控制变量

另外，我们还控制了如下变量：（1）公司绩效（ROA）；（2）公司规模（Size）；（3）公司成长性（BM），使用公司账面市值比来表示；（4）CEO权力（Power），使用CEO是否两职合一来表示；（5）第一大股东持股比例（Shares）；（6）董事会规模（Boards），即董事会成员人数；（7）董事会会议次数（Frequency）；（8）实际控制人性质（State），我们将上市公司分为国有控股和非国有控股。

8.3.3　描述统计

表8-1是各变量的描述统计。其他应收款净额的均值为287万元，其他应收款净额与公司总资产的比例均值为1.4%，可见大股东占款现象严重，中小股东保护比较差。Gray2的均值为53.2%，说明超过一半的独立董事和大股东有私人关系。而且，61.3%的独立董事具有高职称和高声誉。

表8-1　描述统计

变量	观测值	均值	最小值	最大值
Tunnel	955	15.989	10.167	20.829
Tunnel2	956	0.014	0	0.285
Gray2	943	0.532	0	1
Reputation	943	0.613	0	1
ROA	956	0.077	-0.321	0.464
Size	956	20.978	19.204	24.505
BM	956	0.557	0.092	1.227
Power	956	0.302	0	1
Shares	956	37.415	5.21	80.6
Boards	943	8.844	3	15
Frequency	956	8.787	3	31
State	956	0.211	0	1

8.4 实证分析

8.4.1 计量结果

为了验证本章的三个假说，做了六个计量回归。中小股东保护程度对大股东－独立董事社会关系做回归，可以验证社会关系对独立董事的俘获。中小股东保护程度对独立董事声誉做回归，可以验证声誉对独立董事的忠诚化。中小股东保护程度对社会关系、声誉以及两者交互项做回归，可以验证假说8－3，即声誉会降低社会关系对独立董事的俘获程度，声誉足够高时甚至会出现独立董事俘获大股东的现象。所有六个计量回归都加入了控制变量，并且使用面板固定效应模型。计量结果如表8－2所示。

表8－2 社会关系与股东保护

	(1) Tunnel	(2) Tunnel2	(3) Tunnel	(4) Tunnel2	(5) Tunnel	(6) Tunnel2
Gray2	0.237*** (0.069)	0.013* (0.007)			1.781** (0.704)	0.066* (0.035)
Reputation			－1.543* (0.668)	－0.031* (0.013)	－0.531* (0.205)	－0.009* (0.004)
Gray2* Reputation					－2.411** (1.872)	－0.089* (0.106)
ROA	0.269 (0.744)	－0.005 (0.013)	0.304 (0.738)	－0.003 (0.013)	0.264 (0.745)	－0.005 (0.013)
Size	1.046*** (0.106)	－0.003 (0.002)	1.033*** (0.105)	－0.003* (0.002)	1.036*** (0.106)	－0.003* (0.002)
BM	－0.220 (0.172)	－0.007** (0.003)	－0.234 (0.172)	－0.007** (0.003)	－0.226 (0.173)	－0.007** (0.003)
Power	0.098 (0.139)	0.003 (0.002)	0.099 (0.139)	0.002 (0.002)	0.107 (0.139)	0.003 (0.002)
Shares	0.000 (0.009)	－0.000 (0.000)	0.001 (0.009)	－0.000 (0.000)	0.001 (0.009)	－0.000 (0.000)
Boards	0.077 (0.048)	0.002** (0.001)	0.055 (0.051)	0.002** (0.001)	0.053 (0.051)	0.002* (0.001)
Frequency	0.031** (0.015)	0.001* (0.000)	0.029* (0.015)	0.000* (0.000)	0.029* (0.015)	0.000* (0.000)
State	－0.350 (0.273)	－0.001 (0.005)	－0.357 (0.272)	－0.001 (0.005)	－0.360 (0.275)	－0.001 (0.005)

续表

	(1) Tunnel	(2) Tunnel2	(3) Tunnel	(4) Tunnel2	(5) Tunnel	(6) Tunnel2
Cons	-6.126*** (2.286)	0.067 (0.041)	-5.744** (2.400)	0.088** (0.043)	-6.120** (2.452)	0.073* (0.044)
Year	是	是	是	是	是	是
N	942	943	942	943	942	943
R - squared	0.178	0.037	0.180	0.036	0.181	0.043

注：括号中报告的是 Bootstrap 稳健标准误。“是”表示控制了相关变量。R - squared 是组内 R 平方。*、**、*** 分别表示 10%、5% 和 1% 的显著性水平。

计量结果表明，Gray2 的系数总是显著为正，即独立董事和大股东的社会关系会显著提高大股东的资金占款，加剧大股东掏空行为，损害了中小股东利益，独立董事被大股东所俘获。而 Reputation 的系数总是显著为负，说明独立董事的声誉会使得独立董事表现出对中小股东（或者说全体股东）的忠诚化。同时，交互项 Gray2 * Reputation 为负，也就是说 Gray2 越大时，Reputation 降低大股东资金占用的效果越明显。而且，当 Reputation 大约提高到 0.8 时交互项系数可以抵消掉 Gray2 的系数，此时，Gray2 增大不仅不会带来资金占用的增多还会使其大大降低，这表示此时呈现出独立董事俘获大股东的现象，即大股东为了独立董事的声誉而主动减少对中小股东的侵害。

控制变量也呈现出了一些有意思的结果。陈炜（2010）认为，第一大股东持股比例越低，中小投资者保护效率越高。而我们没有发现第一大股东持股比例和股东保护之间的显著相关性。陈炜（2010）还发现，由于公司的社会影响随公司规模增加而递增，大公司往往更容易受到公众的关注、大量分析师的跟踪和监管部门的监督，机构投资者也更喜欢持有大公司股票，因此市场中利用不良手段或知情信息获利的可能性也会更小。然而我们却发现，公司规模会提高大股东资金占用绝对值，降低资金占用相对值。有学者认为董事会会议次数代表了董事的勤勉程度。而相反的观点却认为，会议增多并没有带来董事之间有用的思想交流，董事会会议是“灭火器”，董事会只在公司业绩不佳时才有必要召开会议。我们证实了后者，还发现企业性质和大股东掏空行为无关，不要给国有企业莫须有的罪名，认为国有企业更容易内部交易、资产流失和寻租而损害了其他中小股东。董事会人数越多，大股东资金占用情况反而越严重，与小董事会效率更好的观点是一致的（Yermack，1996）。

8.4.2　稳健性检验

对上文的有关结论做了三个稳健性检验：（1）杨晓维和赵娟（2009）认为，

我国证券监管部门存在选择性监管行为，即主动地、有意识地选择监管对象和监管强度，刘白兰和邹建华（2009）则阐释了证券市场的利益集团如何通过游说监管者从而影响证券执法水平，认为利益集团的游说能力越强，则证券执法越不严格，投资者保护水平越低。因而，我们控制了独立董事的政治背景，以此排除独立董事的游说能力对投资者保护的影响。（2）社会关系，使用独立董事与董事长（大股东的代表）的社会关系数量来衡量。只是用灰色董事人数比例可能比较片面，把不同关系强度的独立董事认定为同质的灰色董事，其实关系数量不同的灰色董事对股东保护的影响程度是不同的。（3）加入两权分离程度、股权制衡度等变量来加强结果的稳健性。

8.5 本章小结

社会关系对公司治理的影响，不仅体现在公司绩效上，而且直接影响了公司中小股东保护。本章认为，独立董事在中小股东保护中的功效，不是取决于独立董事的能力而是他们的意愿。声誉和社会关系决定了独立董事的监督意愿和行为，进而决定了他们是忠诚于中小股东还是被大股东俘获；声誉会促进独立董事的忠诚化。我们提出了三个研究假说：独立董事与大股东的社会关系会促使独立董事被俘获；声誉会降低社会关系对独立董事的俘获程度；声誉足够高时甚至会出现独立董事俘获大股东的现象。通过对以上假说的检验，证实了本书第四个核心观点。

从理论上来说，独立董事加强了对上市公司的外部监督。由于《指导意见》赋予了独立董事一定的权限，即上市公司在进行关联交易、内部分配制度以及资产重组等经营活动中，独立董事需签字同意并发表声明，以加强对上市公司经营活动的监督。这样就使上市公司在进行上述各方面工作时，会考虑得更详细、安排得更周到，以免出现不必要的违规行为，独立董事对上市公司的外部监督作用得以显现。

然而，现实中，独立董事们难以独立的人格去履行自己对公司应负职责。独立董事的产生基本上取决于大股东的意志。独立董事是谁提的名就说谁的话，拿谁的钱就办谁的事，如此一来，代表小股东监督上市公司的作用完全不能实现。

本章得出的直接政策建议是，完善股东选举制度，使董事会具有更广泛的代表性，确保董事会由合适人选组成，不被某些股东所控制，以维护全体股东和公司的整体利益。具体是指，多任命声誉高的独立董事，少任命与大股东有社会关系的独立董事。独立董事的提名、候选、表决、任命等都必须排除控股股东和大股东的影响，应排除公司管理层的影响。也就是说，上市公司的独立董事应当由中小股东提名，或者是与公司没有任何利益关系的人毛遂自荐，然后由中小股东们集体投票任命。在董事的选举过程中，应充分反映中小股东的意见。股东大会在董事选举中应积极推行累积投票制度。累积投票制是指上市公司股东大会选举董事或监事时，有表决权的每一股份拥有与拟选出的董事或监事人数相同的表决权，股东拥有的表决权可以集中使用。

第九章　董事会社会关系、合谋及其对管理层的监管——以 CEO 薪酬敏感性为例

在主要分析了 CEO－独立董事社会关系对公司治理的各种影响、研究股东保护问题、大股东－独立董事社会关系之后，在此，我们进一步把研究视角拓宽，研究各公司董事长之间的社会关系，主要关注企业董事会之间如何通过社会关系构建合谋，进而影响对 CEO 的监督的。

9.1　引言

董事会对 CEO 进行授权是公司治理的重要组成部分，是公司委托代理的核心契约安排。Hart 和 Holmstrom（1987）刻画了单任务委托代理模型，Bernheim 和 Whinston（1986）模型化了多委托人的公共代理情形，Holmstrom 和 Milgrom（1991）则阐释了多任务委托代理模型，三篇经典文献分析了委托人和代理人谁应该拥有企业资产、代理人是固定工资还是绩效工资以及任务分配等科层授权的基本问题。之后有大量文献关注科层授权的多个方面，例如 Dessein（2002）分析了科层授权中权力下放与信息失真的权衡问题，梁平汉（2012）研究了当委托人不能直接管理代理人时的最优序贯授权问题，Lee 和 Persson（2011）分析了监督者与代理人的社会关联对代理人的行为和激励契约的影响。

董事会代表股东行使委托人权力，在公司科层授权中扮演了重要角色，Hermalin 和 Weisbach（2003）、Adams 等（2010）都认为董事会的重要职责就是招聘、解雇和评价管理层。有大量文献分析董事会与 CEO 的委托代理问题。Hermalin 和 Weisbach（1998）认为 CEO 薪酬是董事会和 CEO 双方谈判的结果；Adams

和 Ferreira（2007）认为过于严厉的董事会监督会导致 CEO 隐瞒信息，友好董事会对企业可能是有利的；Schwartz - Ziv 和 Weisbach（2013）通过记录和分析以色列上市公司董事会的会议议题和时间，发现董事会的主要工作是监督管理层而不是干预 CEO 的具体活动。也有部分文献分析了寡头竞争下策略性授权问题（Vickers，1985；Fershtman 和 Judd，1987），他们认为管理层的效用来自于企业利润和销售收入，企业所有者可以选择对管理层的激励大小来最小化委托代理问题。但是很少有文献分析董事会合谋下的科层授权问题。本章在科层授权中，引入不同企业的董事会之间的合谋问题，考察董事会合谋对 CEO 薪酬敏感性的影响。薪酬绩效敏感性体现在薪酬对公司利润的关联性上，如果利润是 CEO 薪酬的唯一考核指标，则具有完全的薪酬敏感性，如果薪酬同时与公司规模和收入等挂钩，则说明薪酬敏感性较低。

少量文献研究了董事会合谋问题。Bourjade 和 Germain（2012）分析了同一企业的董事和 CEO 之间的合谋问题。Andergassen（2011）则研究了不同企业的董事会之间的合谋。本章与之主要不同在于：1）使用董事会之间的利他性来刻画董事会合谋程度。而 Andergassen（2011）使用的是企业间 CEO 薪酬敏感性的预期协调能力；2）利用中国数据对有关结论进行了实证检验，而 Andergassen（2011）没有进行实证分析。

本章在科层授权的理论框架下，分析了董事会对 CEO 的薪酬激励问题，着重讨论了董事会合谋对 CEO 薪酬敏感性的影响，并使用中国上市公司数据进行了实证检验。本章的主要创新之处：第一，在董事会对 CEO 的科层授权中引入董事会合谋问题，拓展了对科层授权的认识。第二，在董事会合谋和 CEO 薪酬敏感性之间引入了行业竞争这个中间变量，并发现董事会合谋会通过约束行业竞争来提高 CEO 薪酬敏感性。第三，实证分析中，我们识别了董事长之间的社会关系，量化了董事会的合谋程度，并使用 2007—2012 年中小板企业面板数据做了实证检验。此外，合谋的有关文献大都研究监督者和代理人的合谋（Tirole，1986；Lee 和 Persson，2011），部分文献也关注了委托人之间的合谋问题，但主要限于企业如何通过正式或非正式信息的沟通、监督惩罚机制等方式来达成卡特尔，及其对竞争的影响（Spector，2015）。而本章则研究了委托人之间的合谋对代理人 CEO 的影响。

9.2 基本模型

9.2.1 模型设定

我们假设市场形态为两家企业的寡头竞争，两企业的董事会分别授权它们的CEO进行经营决策，从事古诺竞争。企业生产相同的产品，并且具有相同的生产成本函数：$C(q_i)=q_i^2$，其中 $i=1$，2 分别表示两家企业。企业反需求函数为：$P=a-q_1-q_2$，a 是一个外生参数。那么，企业的利润函数为：

$$\pi_i = q_i(a - q_1 - q_2) - q_i^2, i = 1,2 \quad (9-1)$$

社会福利就等于两企业利润与消费者剩余之和：

$$W = \pi_1 + \pi_2 + (q_1 + q_2)^2/2 \quad (9-2)$$

博弈分为两个阶段：第一段，董事会对 CEO 科层授权，制定 CEO 的激励契约；第二阶段，CEO 代表股东和董事会在产品市场上进行古诺竞争，选择自己的最优产量。董事会是两权分离下股东行使自己权利的代理人，其目标是企业利润 π_i 最大化。然而，CEO 与董事会利益有差异，其效用取决于两部分，一是董事会提供的薪酬，与企业利润有关；二是私人收益，与企业规模有关（Jensen 和 Meckling，1976；Fama 和 Jensen，1983）。因此，CEO 效用函数可以写为：$S_i=f(x_i\pi_i+(1-x_i)Pq_i)$，$0\leqslant x_i\leqslant 1$，$i=1$，2。董事会可以通过绩效工资、股权激励和监督在职消费等方式调节 x_i 的取值，因此我们认为 x_i 是企业 i 的董事会给 CEO 制定的薪酬激励，或者说是薪酬绩效敏感性。同时，我们不考虑 f 函数的具体形式，但它一定正比例于 $x_i\pi_i+(1-x_i)Pq_i$，因此我们把 CEO 效用最大化的目标设定为：

$$U_i = x_i\pi_i + (1 - x_i)Pq_i \quad (9-3)$$

9.2.2 模型求解

采用逆向归纳求解子博弈完美纳什均衡。在第二阶段，两企业 CEO 在给定的薪酬激励 x_i 下，进行古诺数量博弈，选择产量 q_i 使自身效用 U_i 最大。容易求得产量的纳什均衡解为：

$$\begin{aligned} q_1^N &= \frac{a(2x_2+1)}{4x_1x_2+4x_1+4x_2+3} \\ q_2^N &= \frac{a(2x_1+1)}{4x_1x_2+4x_1+4x_2+3} \end{aligned} \quad (9-4)$$

把产量纳什解代入企业利润函数（9－1）式和社会福利函数（9－2）式，求得纳什均衡的利润和社会福利：

$$\pi_2^N = \frac{2a^2 x_1 (2x_2 + 1)^2}{(4x_1x_2 + 4x_1 + 4x_2 + 3)^2}$$
$$\pi_1^N = \frac{2a^2 x_2 (2x_1 + 1)^2}{(4x_1x_2 + 4x_1 + 4x_2 + 3)^2} \quad (9-5)$$

$$W^N = \frac{2a^2(4x_1^2x_2 + x_1^2 + 4x_1x_2^2 + 10x_1x_2 + 3x_1 + 3x_2 + x_2^2 + 1)}{(4x_1x_2 + 4x_1 + 4x_2 + 3)^2} \quad (9-6)$$

在第一阶段，两企业董事会分别对 CEO 授权，制定薪酬激励契约 x_i，使得企业利润最大。通过对（9－5）式最大化，求得 $x_1^* = x_2^* = 0.866$，代入（9－4）式、（9－5）式和（9－6）式得到：$q_1^* = q_2^* = 0.211a$，$\pi_1^* = \pi_2^* = 0.077a^2$，$W^* = 0.244a^2$。由此我们得到假说 9－1。

假说 9－1：寡头市场竞争条件下：1）$x_1^* = x_2^* \neq 1$，企业不会制定完全的 CEO 薪酬绩效敏感性，一定程度上允许 CEO 追求私利对企业是有利的；2）与不存在授权的古诺竞争①相比，企业科层授权促进了市场竞争，提高了社会福利。

委托代理理论认为管理层和企业所有者的利益差异恰是委托代理问题的根源，解决这一问题的直接办法就是令 $x_i = 1$（Jensen 和 Meckling，1976）。然而，现实中 CEO 的薪酬绩效敏感性较低（Jensen 和 Murphy，1990；魏刚，2000；方军雄，2009）。本章研究发现，行业竞争的存在是 CEO 薪酬敏感性较低的重要原因。CEO 的私利追求使其扩张产量和企业规模，而这种扩张冲动利于企业在竞争中扩大市场份额，故而一定程度的产量扩张与企业利润最大化目标是相一致的。假说 9－1 的第二个结论与 Vickers（1985）、Fershtman 和 Judd（1987）相似，认为寡头市场上科层授权会提高市场竞争提升社会福利。

9.2.3　国有企业的特殊情形

以上分析是在私有企业寡头竞争下展开的，为增强假说的适用性，我们将模型进行拓展，引入国有企业，在混合寡头理论②框架下求解。并假定国有企业董事会的目标与私有企业不同，它追求社会福利最大化。不妨设企业 1 为国有企业，

---

① 即不存在董事会对 CEO 的授权，企业的所有者直接决定产量，在产品市场上进行古诺竞争。这里令（9－4）式和（9－6）式的 $x_i = 1$ 即可得到该古诺博弈的均衡解，易知 q_i^* 大于该产量均衡解、W^* 大于该社会福利均衡解。

② 混合寡头理论，是在寡头理论的基础上，着重分析不同所有制下企业的策略行为，并从社会福利角度为政府公共政策提供理论分析。

企业 2 为私有企业。

此时，求解过程不变，唯一的不同在于国有企业的董事会目标为社会福利 W^N 最大化。重复上文的求解过程得到，两企业的 CEO 薪酬敏感性为：$x_1^* = 0.574$，$x_2^* = 0.841$；两企业的均衡产量为：$q_1^* = 0.253a$，$q_2^* = 0.203a$；两企业的均衡利润为：$\pi_1^* = 0.074a^2$，$\pi_2^* = 0.069a^2$；社会的均衡福利为：$W^* = 0.247a^2$。这些结果进一步证实了假说 9－1 的正确性，同时我们得到假说 9－2。

假说 9－2：混合寡头市场竞争条件下：1）国有企业 CEO 的薪酬敏感性比私有企业小；2）与私有企业寡头竞争相比，国有企业的存在使得市场产量增多、竞争加剧、社会福利提高。

假说 9－2 进一步强化了假说 9－1 的结论，企业 CEO 薪酬敏感性不会等于 1，尤其是国有企业，同时也说明了国有企业 CEO 薪酬敏感性较低的一个可能原因是它追求社会福利最大化。假说 9－2 的第二个结论与 Fernandez－Ruiz（2009）的结论相似，认为混合寡头竞争条件下，国有企业会产出更多，因为它在乎的是社会福利。

9.3 董事会合谋

在委托代理理论框架下，大都研究监督者与代理人之间的合谋问题，并使用监督者对委托人隐瞒代理人信息的行为来刻画合谋（Tirole，1986；Lee 和 Persson，2011）。本章研究的是委托人之间的合谋，分析不同企业的董事会之间的合谋如何影响了对 CEO 的薪酬激励。我们使用董事会之间的利他性来刻画董事会的合谋程度。这是因为，合谋本质上是私下契约（Tirole，1986），其产生和维系离不开友好关系（Andergassen，2011），而友好关系的存在体现为经济利益的利他性（Akerlof 和 Kranton，2000）。因此，两企业董事会的目标函数为：

$$\Pi_i = (1-\alpha)\pi_i + \alpha\pi_j, i、j = 1,2, i \neq j \qquad (9-7)$$

（9－7）式中 α 是企业 i 的董事会对另一企业利润的在意程度，用来表示董事会之间的合谋程度，$0 \leqslant \alpha \leqslant 1$，$\alpha$ 越大合谋程度越大①。两阶段博弈的求解过程与上文相同，容易求得，科层授权中两私有企业②董事会设定的 CEO 薪酬敏感性为：

① 当 $\alpha > 5$ 时，企业 i 在乎别人胜过自己，当然现实中这是很少见的，现实中 α 取值应该较小。
② 这里，对国有企业的特殊情形求解的基本结论相同，不再重复赘述。

$$x_1^* = x_2^* = \frac{\alpha + \sqrt{4\alpha^2 - 6\alpha + 3}}{2(1-\alpha)} \tag{9-8}$$

易知（9－8）式是α的增函数，所以CEO薪酬敏感性x_i^*随着董事会合谋程度α递增，并且当$\alpha=0$时恰好与没有合谋时的模型结果一致。需要特别注意的是，CEO薪酬敏感性$x_i^* \leqslant 1$，所以当合谋程度$\alpha \geqslant 0.2$时，企业就会制定完全的CEO薪酬敏感性。因此，董事会设定的最优的CEO薪酬敏感性为：

$$x_1^* = x_2^* = \begin{cases} \dfrac{\alpha + \sqrt{4\alpha^2 - 6\alpha + 3}}{2(1-\alpha)} & ,0 \leqslant \alpha < 0.2 \\ 1 & ,0.2 \leqslant \alpha \leqslant 1 \end{cases} \tag{9-9}$$

把（9－9）式依次代入（9－4）式、（9－5）式以及（9－6）式，分别得到均衡产量、利润和社会福利：

$$q_1^* = q_2^* = \begin{cases} \dfrac{(1-\alpha)a}{\sqrt{4\alpha^2 - 6\alpha + 3} - 2\alpha + 3} & ,0 \leqslant \alpha < 0.2 \\ 0.2a & ,0.2 \leqslant \alpha \leqslant 1 \end{cases} \tag{9-10}$$

$$\pi_1^* = \pi_2^* = \begin{cases} \dfrac{(1-\alpha)(\sqrt{4\alpha^2 - 6\alpha + 3} + \alpha)a^2}{(\sqrt{4\alpha^2 - 6\alpha + 3} - 2\alpha + 3)^2} & ,0 \leqslant \alpha < 0.2 \\ 0.08a^2 & ,0.2 \leqslant \alpha \leqslant 1 \end{cases} \tag{9-11}$$

$$W^* = \begin{cases} \dfrac{2(1-\alpha)(\sqrt{4\alpha^2 - 6\alpha + 3} + 1)a^2}{(\sqrt{4\alpha^2 - 6\alpha + 3} - 2\alpha + 3)^2} & ,0 \leqslant \alpha < 0.2 \\ 0.24a^2 & ,0.2 \leqslant \alpha \leqslant 1 \end{cases} \tag{9-12}$$

假说9－3：董事会合谋情形下：1）CEO薪酬敏感性是董事会合谋程度的增函数，且合谋程度$\alpha \geqslant 0.2$时，企业就会制定完全的CEO薪酬敏感性（即令$x_i^* = 1$）；2）市场竞争减弱，企业利润提高，社会福利降低①。

假说9－3告诉我们董事会合谋会促进CEO薪酬敏感性，降低了董事会对CEO追求私人收益的容忍性，出现董事会之间“联合打压”CEO的现象，这是本章的核心观点。这一结论与董事会独立性的有关文献成果相似，例如Hermalin和Weisbach（1998）发现董事会相对于CEO的权力越大CEO薪酬敏感性越高且CEO更替性越大。

① 通过将（9－10）—（9－12）式与命题1的结果相比较，容易证明。

9.4 数据来源与方程设计

本章通过在古诺竞争中引入科层授权，分析了董事会合谋对 CEO 薪酬敏感性的影响，得到了三个假说六个结论，区别于已有文献成果，我们的主要贡献也即本章的核心假说是：董事会合谋会提高 CEO 薪酬敏感性。为进一步论证该假说的准确性，我们使用我国中小板企业 2007—2012 年数据进行实证检验。

9.4.1 样本选择

为检验董事会合谋对 CEO 薪酬敏感性的影响，我们使用 2007—2012 年中小板企业面板数据。在剔除了金融行业上市公司和 ST 公司后，我们得到 2130 个公司 - 年份观察值，作为实证样本。董事长的个人信息通过上市公司年报、百度百科、公司官网手工搜集，其他数据来自国泰安信息技术有限公司的 CSMAR 数据库。

9.4.2 用社会关系度量合谋程度

与理论模型类似，我们使用董事会间的友好关系来测度合谋。Mizruchi（1996）认识到企业间社会关系的目的和结果可能是合谋，并指出由于数据可得性的限制，现有文献大都使用董事会间的交叉持股来衡量企业间的社会关系强度。Westphal 等（2006）认为与交叉持股、联合、兼并等企业间正式连接相比，公司高层之间的非正式关系，如老乡、校友、共同经历，同样会对单个企业的经营决策产生影响，并且不容易被媒体和公众识别，不违反反垄断法等法律法规。而且，非正式关系在企业董事会之间广泛的存在着，本章通过对 2007—2012 年中小板上市公司的手工识别，发现七成以上的公司董事长与同行业其他董事长有社会关联。因此，我们使用同行业不同企业董事长之间的非正式的友好关系来衡量董事会间的合谋程度。与本章的处理方式类似，Hochberg 等（2010）发现在位的风险投资家会通过社会关系网络对潜在进入者设置进入壁垒，Renneboog 和 Zhao（2011）证实同一企业的董事会成员之间的社会连接，会提高 CEO 的报酬并降低 CEO 薪酬敏感性。

我们对董事会合谋（Collusion）的具体识别过程如下：1）选出 2007—2012 年中小板上市公司，并参照上市公司行业分类标准逐一分类①；2）通过上市公司

① 我们参照黄梅和夏新平（2009）的做法，把制造业细分到次类，其他行业采用门类。

年报或百度百科等途径查阅每一家公司的董事长简历，把每位董事长与同行业其他董事长的个人信息对照匹配，如某行业包含 N 家企业则需匹配 $N(N-1)/2$ 次。如果两人是老乡、校友或有共同工作经历，那么认定两人具有社会关系（Fracassi 和 Tate，2012；刘诚等，2012）；3）得到行业内每个董事长与其他董事长的社会关系数目，以及每个行业的董事长社会关系的平均值，当前者大于后者时，我们认为该企业具有较强的社会网络，即该企业具有较强的合谋程度。需要说明的是，为了控制行业内企业数量和竞争程度的差异，我们做了去平均化的处理，董事长之间的社会关系高于同行业平均水平的企业认为是具有强的合谋程度。

9.4.3 方程设计

为了检验本章的核心假说：董事会合谋会提高 CEO 薪酬敏感性，借鉴 Jensen 和 Murphy（1990）和 Hall 和 Lierbman（1998）的作法，我们设计的计量方程如下：

$$\Delta Compensation_{it} = \beta_0 + \beta_1 \Delta ROA_{it} + \beta_2 Collusion_{it} + \beta_3 Collusion_{it} * \Delta ROA_{it} + \gamma \sum X_{it} + \mu_{it} \qquad (9-13)$$

其中，Compensation 表示 CEO 薪酬，我们使用上市公司年报中披露的 CEO① 的“报告期报酬总额”② 来衡量。ROA 表示总资产净利润率，衡量公司绩效。并使用 Compensation 和 ROA 的一阶差分表示 CEO 薪酬和公司绩效的变动③。Collusion 表示董事会合谋程度，用二值变量度量，董事长与同行业其他董事长社会关系数目高于行业平均值则取 1，否则取 0。X 是一系列控制变量：1）三个公司治理结构变量：实际控制人性质（Control），实际控制人是政府则取 1，否则取 0；CEO 董事长两职合一（Boss），CEO 与董事长为同一人则取 1，否则取 0；董事会结构（Board），独立董事占全部董事的比重；2）两个公司财务特征变量：规模

① CEO 是企业最高的管理者（Top Executive），但是我国各公司的称谓不同，有些公司没有直接给出 CEO，但是不能否认该公司具有“CEO”的事实。因此，这里的识别方式是：按照 CEO、总裁、总经理的优先顺序来认定，并且做到每个公司有且只有一个 CEO。Chang 和 Wong（2009）在使用中国上市公司数据，分析 CEO 更替与绩效的关系时，也使用了相同的处理方式。

②“报告期报酬总额”指标主要包括工资加奖金的年度现金收入。虽然高管薪酬不仅包括工资和奖金，还包括管里层持股、股权期权、养老金等长期激励，考虑到中国上市公司高管持股比例低且零持股的现象较为普遍（魏刚，2000），现有文献通常直接采用现金薪酬衡量高管薪酬（方军雄，2009）。

③ 这里实证检验使用了我国中小板上市公司 2007—2012 年的数据，为 Compensation 和 ROA 一阶差分的需要，我们也使用了 2006 年部分公司的 Compensation 和 ROA 数据。

(Size)，使用公司期末总资产的自然对数来衡量；长期负债率（Debt），等于公司年末长期负债与年末总资产的比值。此外，我们还控制了公司个体效应和年度固定效应。

9.4.4 描述统计

表9-1给出了主要变量的表述统计。2007—2012公司总资产利润率的变动来看，六年间中小板公司绩效总体下降，平均下滑0.7%。但是同期CEO报酬上涨，平均涨幅约19万元，并且CEO薪酬和公司绩效的公司间差异较大。政府控制的企业只占25%，CEO董事长两职合一的占37%，董事会中独立董事比例平均为35%。公司规模适中，总资产的自然对数值平均为22.68，长期债务比例平均为42%。

表9-1　变量描述统计

	观察值	均　值	最小值	最大值
Collusion	2130	0.50	0	1
ΔROA	2130	-0.007	-0.568	0.435
ΔCompensation	2071	19.2	-90.3	306.5
Control	2130	0.25	0	1
Boss	2130	0.37	0	1
Board	2109	0.35	0.14	0.67
Size	2130	22.68	19.13	27.02
Debt	2114	0.42	0.00	0.65

9.5 计量结果分析

为检验董事会合谋对CEO薪酬敏感性的影响，我们首先把CEO薪酬变动对董事会合谋作回归而不控制其他变量，结果如表9-2模型（1）所示，董事会合谋与CEO薪酬变动呈反向关系，说明董事会之间友好关系的会对CEO薪酬的提升产生抑制作用。我们在模型（2）中引入了公司绩效的变动及其与董事会合谋的交互项。从计量方程（9-13）式可知，现有文献常用系数β_1来衡量CEO薪酬敏感性（Jensen和Murphy，1990；Hall和Lierbman，1998[32]），而本章引入了董事会合谋因素，β_1则表示合谋程度较低的公司的CEO薪酬敏感新，$\beta_1+\beta_2$表示合谋程度较高的公司的CEO薪酬敏感性，β_2表示合谋对CEO薪酬敏感性的影响。

表 9 - 2 模型（2）的回归结果显示，公司绩效的系数 β_1 显著为正，说明公司绩效提升会促进 CEO 薪酬的上升，而董事会合谋与公司绩效的交互项（Collusion * ΔROA）的系数 β_2 也显著为正，证明了董事会合谋会提高 CEO 薪酬敏感性。模型（3）引入实际控制人是否为政府这一变量，结果显示实际控制人（Control）与公司绩效交互项显著为负，说明政府控制会降低 CEO 薪酬敏感性，这与假说 9 - 3 的结论是一致的。

为进一步证实董事会合谋会提高 CEO 薪酬敏感性，我们又引入了 CEO 董事长两职合一（Boss）、董事会结构（Board）、规模（Size）和长期负债率（Debt）等一系列控制变量，计量结果如表 9 - 2 模型（4）所示，我们发现董事会合谋与公司绩效交互项依然显著为正，CEO 与董事长两职合一利于 CEO 薪酬的提升，并且其他控制变量对 CEO 薪酬变动的影响不显著。

这说明，董事会之间具有私人关系会更加一致的提高 CEO 薪酬敏感性，这对 CEO 的“帝国建造”是一种“打压”，实现的理据是合谋降低了行业竞争，不再那么需要扩张来争抢市场份额，因而对 CEO 扩张冲动的容忍性降低。合谋产生的相对平和的行业环境，使得董事会对 CEO 的创造性功能需求减弱，合规性要求随之提高，表现为薪酬水平更加与绩效挂钩。而从 CEO 角度来看，之所以会接受这种高敏感性的薪酬安排，可能是因为董事会的合谋而降低了他们在经理人市场上的保留收益，也可能是因为同行 CEO 都提高敏感性带来的同伴效应提高了他们心理上的接受程度。总之，在董事长之间具有个人关系时，容易产生董事会之间的合谋，从而提高了 CEO 薪酬敏感性。

表 9 - 2　　　　计量回归结果

被解释变量：ΔCompensation	模型（1）	模型（2）	模型（3）	模型（4）
ΔROA		1.182* (0.67)	1.054** (0.41)	0.432** (0.20)
Collusicn	-0.013* (0.01)	-0.017 (0.02)	-0.017 (0.02)	-0.004 (0.01)
Collusion* ΔROA		0.128*** (0.03)	0.125*** (0.03)	0.063** (0.03)
Control			0.094* (0.06)	0.189** (0.81)
Control* ΔROA			-0.008*** (0.00)	-0.005*** (0.00)
Boss				0.292*** (0.08)

续表

被解释变量：ΔCompensation	模型（1）	模型（2）	模型（3）	模型（4）
Board				0.123* (0.09)
Size				0.478** (0.20)
Debt				0.781 (1.68)
Cons	0.161*** (0.03)	0.041* (0.03)	-0.041** (0.01)	0.065*** (0.01)
个体效应	是	是	是	是
年份	是	是	是	是
N	2168	2168	2068	2065
R - squared	0.008	0.143	0.162	0.194

注：括号中报告的是Bootstrap稳健标准误。"是"表示控制了相关变量的固定效应。R - squared是调整后的R平方。*、**、***分别表示10%、5%和1%的显著性水平。

9.6 弱关系的稳健性检验

不得不承认董事长之间的社会关系是弱关系，是否能够真实的左右董事会的合谋行为会受到质疑。根据弱关系理论，我们有理由认为，即便这种关系可能是较弱的，但对企业决策的影响并不弱，且不会轻易破裂。Lin等（1981）认为弱关系网络的异质性较大，因此资源交换、借用和摄取的概率更高；Westphal等（2006）使用问卷调查数据证实了公司高层会构建与其他公司高层的社会关系，以应对不确定性、保证重要资源的可得性；并且Lee和Persson（2011）理论证明了，只要社会关系有价值，人们不会轻易破坏它，反而会去积极加固它；刘诚（2015）认为董事会的社会关系不论强弱，都会影响到董事在监督管理层以及提供建议方面的实际行为。但是，其实质作用如何，还需要计量检验。同时，使用董事长之间的而不是全体董事之间的社会关系、使用社会关系而不是正式制度关系来独立合谋程度，存在测量误差。弱关系的真实效力，以及合谋的测量误差都会导致，解释变量与误差项相关，即内生性问题。为此，我们使用关系较强的10%的企业作为实验组，其他公司作为控制组，进行倾向得分匹配分析（PSM）。

我们使用logit分析从对照组中匹配与实验组尽可能相似的公司，它们的规模、治理结构等特征相似①，进而比较强关系对公司 CEO 薪酬敏感性的影响，即董事长具有强关系对 CEO 薪酬敏感性的平均处置效应（ATT）。表 9－3 的回归结果显示，实验组公司不作 PSM 匹配时具有更强的薪酬敏感性，说明社会关系导致的合谋确实可以提高对 CEO 监督水平。而在 PSM 匹配后，这一效果依然显著，而且平均处置效应（ATT）更大了。这说明不管关系强弱都会带来合谋，并且强关系更容易引发合谋。这验证了结论的稳健性。

表 9－3　强关系对 CEO 薪酬敏感性的影响

是否匹配	实验组	控制组	ATT	标准误	T 值
匹配前	0.167	0.134	0.033	0.007	4.71***
匹配后	0.167	0.105	0.062	0.009	6.89***

注：标准误采用自抽样法（Bootstrap）反复抽样 500 次得到。

此外，我们还做了多个稳健性检验：1）对于公司绩效的衡量，使用净资产收益率（ROE）来代替总资产净利润率（ROA）；2）使用 ln（$Compensation_{it}$/$Compensation_{it-1}$）度量 CEO 薪酬变动，考察董事会合谋对薪酬绩效敏感弹性的影响；3）为排除 CEO 薪酬可能具有的粘性特征（方军雄，2009）的干扰，即在公司绩效上升时 CEO 薪酬的增加幅度显著高于绩效下降时薪酬的减少幅度，我们在控制变量 X 中加入了 ΔROA 是否为正的虚拟变量。我们都得到了相似的结论。

9.7　本章小结

CEO 和董事会存在利益差异。董事会的职责是股东利益最大化，因此它仅追求公司绩效。CEO 的效用取决于两个方面——公司绩效和私人收益，前者由董事会设定一个薪酬绩效敏感度，敏感度越高 CEO 越倾向于追求公司绩效，后者与公司规模成正比，因而 CEO 倾向于过度扩张而导致市场过度竞争。两权分离下，董事会需要对 CEO 进行科层授权，即制定一个合理的薪酬计划并授权 CEO 在产品市场上竞争。本章使用古诺竞争模型，分析董事会对 CEO 的策略性授权，并引入国有企业作为特例，研究发现：竞争条件下董事会允许 CEO 追求一定的私利。进而，本章着重分析了董事会之间的合谋对 CEO 薪酬敏感性的影响，得到的核心观

① 使用 logit 模型，被解释变量为公司董事长与同行业其他董事长社会关系总数是否处于行业前 10%，解释变量为 Contro、Boss、Board、Size、Debt。

点是：董事会合谋会提高 CEO 薪酬敏感性，这是因为董事会合谋会抑制行业竞争而弱化 CEO 私人收益。最后，我们使用我国中小板上市公司 2007—2012 年数据，识别了董事长之间的友好社会关系来测度董事会之间的合谋程度，把 CEO 薪酬变动对公司绩效和董事会合谋及其两者的交互项作回归，验证了理论假说。

第十章　结论与政策建议

10.1　主要结论

我深信，尽管独立董事和董事会在我国公司治理中的作用备受争议，但是通过优化独立董事人员构成发挥董事会的监督和建议功能是我国公司治理的重点内容，甚至可以说是核心工作。只有完善董事会制度，才能科学有效地分配股东、董事和经理人员的责权利，实现公司治理结构、公司绩效和股东保护的改善和提升。

董事会是公司内部的一种内生性的控制机制，连接股东和经理层的桥梁，是公司治理的中心问题。董事会的主要职责是代表股东对管理层进行监督和建议，减少公司内部代理成本。那么，具有何种特征的董事会才能最大限度地发挥其自身的功效？而董事会有效性的核心思想便是董事会的独立性。已有研究和各国实际做法，都假定独立董事可以保持与高管的独立性，因此提高独立董事比例能够有效保障董事会职能的发挥。然而，为了满足独立董事制度的强制性要求，我国上市公司呈现出了消极合规的现象，表面上聘用独立董事并给予其履职的相应制度安排，实质上没有聘任真正的独立董事，而且独立董事行使权力的相应制度没有有效落实。独立董事制度是形备而神不至。

我们认为，这其中一个潜在的深层次原因是独立董事与高管往往存在一定的社会关系。这一关系贯穿于公司治理的各个方面，它影响了独立董事（或者说董事会）的独立性和监督建议行为，进而影响了公司绩效和股东保护。以往文献对于独立董事的任命、行为和结果所做的研究，大都是横向的孤立的，通过社会关系这一主线进行纵向全面深入研究。进一步的问题是，这一社会关系总是有害的吗？友好董事会理论论证了对CEO适度友好的董事会可以提高董事会的建议功能。那么，我们还要分析社会关系的取舍问题，即何种特征的公司需要社会关系。

我们研究的基本逻辑就是：社会关系可以影响董事会独立性和董事行为，进而影响公司治理的各方面，并最终体现在公司绩效和股东保护上。我们首先梳理了代理理论、友好董事会理论、灰色董事理论的文献，并从社会嵌入性和关系契约的角度探寻关系影响行为的理论基础。进而构建理论模型进行了详尽论证，得出了一系列命题和研究假说，然后做了一一检验。

本书4个核心观点是：1）最优董事会独立性的选择受到CEO持股比例、董事会建议能力、公司建议需求、CEO能力等因素的影响；2）关系的取舍要董事会监督和建议功能，它降低了监督而增强了建议；3）董事与CEO的社会关系不必然带来CEO如实报告信息，即社会关系对公司绩效的影响是不确定的。事前激励和公司治理设计已经结束，公司投资决策已经做出而且确实遇到了危机冲击之时，社会关系带来的宽容会促使CEO汇报信息进而改善公司绩效，即危机时刻关系会提升公司绩效；4）大股东与独立董事社会关系的存在，不仅不能克服第一类代理问题，反而加剧了第二类代理问题，损害了中小股东利益。

本书理论模型的第一个观点认为，最优董事会独立性的选择，或者说CEO－独立董事社会关系的最优数量受到CEO持股比例、董事会建议能力、公司建议需求、CEO能力等因素的影响。也就是说，CEO－独立董事社会关系不是越少越好，也不是越多越好，它面临一个权衡。然而，这是理论推导的结果，而理论上的最优策略未必是公司治理的现实做法，并且找寻最优董事会构成的多样影响因素不是本书的主旨所在。所以，我们把检验的命题退化为“社会关系如何影响了独立董事的任命”。

本书的第二个核心观点提出，关系的取舍取决于董事会监督和建议功能，它降低了监督而增强了建议。但是在实证检验中，董事的具体行为是不可观测的，必须采用迂回策略。具体的，我们从监督表现的视角，检验社会关系对监督行为的影响；从建议需求的角度出发，检验公司建议需求多少与灰色董事数量之间的相关性，进而判断社会关系对建议行为的影响。

第三个观点提出，社会关系对公司绩效的影响是不确定的，而在危机时刻关系可以显著提高公司绩效。这一点通过公司绩效对关系做回归，并根据公司绩效分样本做回归，很容易验证。绝大多数评价董事会、独立董事效果的文章都是使用公司绩效水平值来判断的。我们对此做了重大拓展，进一步检验了关系对公司绩效波动的影响。研究发现，独立董事降低了公司绩效波动，而社会关系的存在阻碍了这一作用的发挥。这一结论是符合经济直觉的，与理论模型的第三个观点也是逻辑一致的。

区别于对公司治理研究以公司绩效为唯一标准的文献做法，文章第四个主要观点落脚在中小股东保护问题上。该观点分为两部分，大股东与独立董事社会关系的存在，不能克服第一类代理问题，反而加剧了第二类代理问题。显然，后者是我们研究的一个重点。为了保持前后文的主题一致，我们实证检验了大股东－独立董事社会关系与中小股东保护的影响。

10.2 政策建议

董事会独立性就像一个枢纽，牵连着独立董事制度、董事监督和建议行为、CEO 权力和薪酬、公司绩效以及股东保护等公司治理的重要节点。我们期望，监管部门以独立董事实际独立性建设为推动力之一，在改善公司治理结构的同时亦把金融和资本市场改革又推进一大步。

第一，增强董事会独立性，发挥监督功能

董事会独立性，包括身份、利益、决策、价值判断等各方面的独立，要敢于发表自己的意见、观点，不跟风，能对认为是不合理的方案提出修正意见或反对意见。独立董事使决策的民主化得到了体现。由于独立董事对上市公司的重大问题能够站在比较客观、超然、公允的立场上加以评判，并毫无保留地发表意见，这就使“内部人控制”和“一言堂”现象得到一定的缓解，从而提高了上市公司决策的透明度和民主性。独立董事多元化和专业化的知识结构，使公司事务决策更具科学性。如果独立董事与高管具有亲密的社会关系，董事会的议事机制就趋向于暧昧，缺少了质疑和争执，决策的民主和科学性就难以体现。

中国的现代企业制度必须解决“决策层与执行层高度重合的弊端”，努力做到董事会在企业决策上的权威不受经理层的干预，并且要使董事会回归其集体决策的制度本性，非首长负责制。这就需要内外部董事结合、外部董事占多数，授予外部董事在董事会议程、投融资审核、关联交易、业绩考核和监督、薪酬确定、人事任免等方面真正的权利，把监督权嵌入到执法权中，实现过程监督。同时，强化独立部董事的声誉约束机制。在美英等发达国家，董事和经理人市场的发育和健全，独立董事大都是知名度很高的其他公司现任高管，他们相对而言并不太注重报酬的多少，而是更关心他们的声誉资本。美国的董事市场是具有长期记忆能力的，即高素质董事的杰出表现会为他们带来新的董事职位，而劣质董事离职后则不会被其他企业聘用。

第二，发挥灰色董事的建议功能

由于上市公司所聘请的独立董事主要来自某些领域、行业、部门的专家、学者或权威人士，他们往往都具有某些方面丰富的经验，对形势的分析和判断，对法规的掌握与运用都有独到的见解，因此，他们为上市公司提供了科学的咨询，使董事会的决策更有科学性，提高了经营运作水平，成为企业的智囊团与咨询专家。公司治理应该强调科学的、有效的决策，而非长期以来国内业界一直强调的权力制衡，这个观点对于处于高速发展的中小规模企业尤其重要。因此，一方面独立董事不应该过度介入公司内部的日常经营管理，束缚管理层的积极性和创造性，另一方面应该在适当时机发挥自己的专长，提高公司决策的科学性。同时，要努力使独立董事能够及时、准确地获得公司完整的信息；构建外部董事与内部董事、外部董事与经理层之间良好的沟通机制。

社会关系可能利于董事会建议功能的发挥，灰色董事不是扮演监督者的角色，更多的是扮演咨询者的角色，运用其专业知识协助管理层和大股东做出有效的决策。在现实中，公司董事会设置具有主动合规性的趋势。不仅是监管当局的强制要求，而且出于改善公司绩效或者降低公司风险的目的，公司对独立董事需求呈现出强制性需求与自主性需求并存。CEO－独立董事社会关系可以促进公司内部信息的沟通和董事会建议职能的发挥，对于社会关系的取舍必须权衡公司的信息沟通成本和公司对董事会监督建议功能的需求大小。

第三，构建第三方的独立董事评价机制

现代公司作为社会主义市场经济下的竞争主体，无关乎所有制，都必然面临对董事、董事会科学有效的评价，这是公司治理实践发展到一定阶段的必然产物。委派、考核评价好外部董事都是重要的组织工作，非此难以确立外部董事制度，并成为好制度；否则可能流于形式，甚至成为一种伪制度。要想有效地解决外部董事评价的问题，有必要引入第三方评价机构。第三方评价具有客观公正、专业科学性，有利于完善法人治理结构，可以为外部董事的奖励与激励提供切实依据，为政府主管部门提供决策参考。

如何构建第三方的独立董事评价机构，目前没有统一的看法。有一种说法，由外部机构比如上市公司协会、基金业协会来外派和评价独立董事。并且对外派、考核等有个透明的标准，减少人为操控的空间，否则可能变成协会寻租的机会。还有人认为，可以建立独立董事协会和“独立董事池”，并在各地区设立分会，促进这个自律组织的自我约束与发展，并推出民间行业的规范准则。

第四，推行累积投票和表决权信托制度，保护中小股东利益

控股大股东侵占中小股东利益的行为不但严重危害上市公司生存发展，直接损害中小股东权益，而且制约证券市场健康发展危及金融安全。在此意义上，研究我国股票市场投资者保护效率的机理与影响因素，具有重要的现实意义与理论价值。如何有效制约控股股东的“关联交易”“掏空”等侵害中小股东利益的行为，使控股股东专心于监督经理人，维护公司和股东尤其是社会公众股股东的利益，从而改善控股股东的治理效果已经成了上市公司和监管部门迫在眉睫、亟待解决的大问题。因为独立董事要代表中小股东利益，但其不是中小股东选聘的，怎么代表中小股东利益？具体操作时，可以由股东大会来决定，大股东回避表决。形成抑制滥用上市公司控制权的制约机制，把保护投资者特别是社会公众投资者的合法权益落在实处。

独立董事选聘“任人唯亲”，无法从根本上保证独立董事人选必须拥有过硬的专业水平及强烈的职业责任。在选举方式上，我国实践中采取的都是普通投票制，大股东可以轻松操控独立董事的人选，独立董事大都是大股东“钦定”的人情董事。因此，独立董事保障中小股东利益的作用根本无法发挥。在独立董事的选举机制上，推行“累积投票制”。每一个股东所拥有的每一股份应赋予与被选出的独立董事数量相应的议决权，若股东将该议决权集中于某一个特定人投票时，则少数股东也能选任出自己信任的董事。这样可以避免大股东通过直接或者间接控制操控选举。

表决权信托是把股份的表决权转让给受托人，由受托人持有该股份并行使其表决权。在表决权信托中，受托人持有的表决权与受益人所享有的股份所有权互相分离。受托表决权具有独立性，受托人在受托期间行使表决权不受原股东的干预，信托制度给予了受托人极大的权力空间。这使表决权信托成为获取公司控制权的重要法律手段。现在网络数字技术全面普及，完全可以让上市公司在其网站上专门开辟一个独立董事频道，让中小股东提名独立董事候选人，或者由与上市公司没有关联的人自我推荐，资料公开供所有中小股东查询，然后由中小股东投票产生最终人选。

此外，累积投票制、表决权信托等动员中小股东的措施，在具体实施中产生的一些费用，应由公司承担。这样可以减轻中小股东的搭便车问题。国内确实有上市公司自行推出中小股东推选独立董事的举措但后来不了了之的案例。一个出发点好的制度，却因为中小股东难以形成合力而无法落地，所以必须由公司提供相应的资金保障。

第五，加强专门委员会制度建设

专门委员会的独立性依赖于独立董事的独立性，在目前独立董事独立性受到普遍质疑的情况下，专门委员会的独立性无法得到保障。而且，独立董事人数不足，难以保证投入足够的时间和精力。所以，要以确保专门委员会的独立性、有效性为重点，进一步完善董事会专门委员会制度。专门委员会可以更加有效的利用董事个人时间，有利于深入讨论有关技术方法和辨别公司信息，有利于对 CEO 薪酬、关联交易等敏感和重大问题进行深层次、全方位、稳健性的探讨。

第六，发挥机构投资者的外部监督作用

在中国随着资本市场的不断发展，基金和资产管理行业的不断扩大，部分机构投资者和公司逐渐建立了紧密的关系，不再简单地通过“用脚投票”，而是不断加强与管理层的联系并在公司经营和治理中发挥积极主动作用。

参考文献

[1] 安凡所（2009）：《上市公司总经理更替与董事会特征的实证研究》，《南方经济》第 1 期，第 23—32 页。

[2] 曹廷求、三营、张蕾（2012）：《董事市场供给会影响董事会独立性吗——基于中国上市公司的实证分析》，《中国工业经济》第 5 期，第 83—95 页。

[3] 陈炜（2010）：《基于投资收益的中小投资者保护效率研究》，《中国工业经济》第 10 期，第 117—126 页。

[4] 陈伟民（2009）：《独立董事职业背景与公司业绩》，《管理世界》第 3 期，第 182—183 页。

[5] 陈艳（2008）：《我国独立董事的声誉激励机制研究》，《经济体制改革》第 3 期，第 77—82 页。

[6] 道格拉斯 · C. 诺思（1990）：《制度、制度变迁与经济绩效》，中译本，杭行译，格致出版社，2008。

[7] 邓德军、范利民（2009）：《微观治理、地区环境与控股股东的掏空行为》，《南方经济》第 10 期，第 40—48 页。

[8] 邓峰（2011）：《董事会制度的起源、演进与中国的学习》，《中国社会科学》第 1 期，第 164—176 页。

[9] 丁友刚、宋献中（2011）：《政府控制、高管更换与公司业绩》，《会计研究》第 6 期，第 70—76 页。

[10] 董志强、蒲勇健（2006）：《掏空、合谋与独立董事报酬》，《世界经济》第 6 期，第 71—83 页。

[11] 杜育华（2010）：《大股东治理机制背景的独立董事功用》，《改革》第 3 期，第 99—104 页。

[12] 方军雄. 我国上市公司高管的薪酬存在黏性吗? [J]. 经济研究, 2009 (3): 110 - 124.

[13] 郝云宏、周翼翔 (2010):《董事会结构、公司治理与绩效——基于动态内生性视角的经验证据》,《中国工业经济》第 5 期, 第 110—120 页.

[14] 龚玉池 (2001):《公司绩效与高层更换》,《经济研究》第 10 期, 第 57—82 页。

[15] 胡勤勤、沈艺峰 (2002):《独立外部董事能否提高上市公司的经营业绩》,《世界经济》第 7 期, 第 55—62 页。

[16] 黄梅、夏新平 (2009):《操纵性应计利润模型检测盈余管理能力的实证分析》,《南开管理评论》第 12 卷第 5 期, 第 136—143 页。

[17] 姜付秀、伊志宏、苏飞、黄磊 (2009):《管理者背景特征与企业过度投资行为》,《管理世界》第 1 期, 第 130—139 页。

[18] 柯江林、张必武、孙健敏 (2007):《上市公司总经理更换、高管团队重组与企业绩效改进》,《南开管理评论》第 3 期, 第 104—112 页。

[19] 李常青、赖建清 (2004):《董事会特征影响公司绩效吗?》,《金融研究》第 5 期, 第 64—77 页。

[20] 李琳、刘凤委、卢文彬 (2009):《基于公司业绩波动性的股权制衡治理效应研究》,《管理世界》第 5 期, 第 145—151 页。

[21] 李涛 (2006):《社会互动与投资选择》,《经济研究》第 8 期, 第 45—57 页。

[22] 李新春 (2002):《信任、忠诚与家族主义困境》,《管理世界》第 6 期, 第 87—93 页。

[23] 梁平汉. 多层科层中的最优序贯授权与"一刀切"政策 [J]. 经济学 (季刊), 2012, 12 (1): 29 - 46.

[24] 刘白兰、邹建华 (2009):《寻租型监管者最优执法与利益集团游说博弈——基于中小投资者保护视角》,《制度经济学研究》第 1 期, 第 136—151 页。

[25] 刘诚. 董事会的功用及其社会性: 灰色董事研究评述 [J]. 财经问题研究, 2015 (12): 23 - 29.

[26] 刘诚、杨继东、周斯洁 (2012):《社会关系、独立董事任命与董事会独立性》,《世界经济》第 12 期, 第 83—101 页。

[27] 刘芍佳、孙霈、刘乃全 (2003):《终极产权论、股权结构及公司绩效》,《经济研究》第 4 期, 第 51—62 页。

[28] 刘世定 (1999):《嵌入性与关系合同》,《社会学研究》第 4 期, 第 75—88 页。

[29] 刘素芝 (2007):《我国征集股东委托书法律制度的实证分析》,《法学评论》第 1 期, 第 104—108 页。

[30] 陆蓉、邹富 (2012):《金融学中的关系研究评述》,《经济学动态》第 2 期, 第 122—127 页。

[31] 罗党论、唐清泉（2009）：《政治关系、社会资本与政策资源获取：来自中国民营上市公司的经验证据》，《世界经济》第7期，第84—96页。

[32] 宁向东、张颖（2009）：《独立董事能够勤勉和诚信地进行监督吗——独立董事行为决策模型的构建》，《中国工业经济》第1期，第101—109页。

[33] 牛建波、赵静（2012）：《信息成本、环境不确定性与独立董事溢价》，《南开管理评论》第2期，第70—80页。

[34] 皮建才（2009）：《转型时期家族企业治理模式选择的政治经济学》，《财经研究》第7期，第28—39页。

[35] 桑吉夫·戈伊尔（2007）：《社会关系：网络经济学导论》，中译本，吴谦立译，北京大学出版社，2010。

[36] 邵少敏、吴沧澜、林伟（2004）：《独立董事和董事会结构、股权结构研究：以浙江省上市公司为例》，《世界经济》第2期，第66—79页。

[37] 申明浩（2008）：《治理结构对家族股东隧道行为的影响分析》，《经济研究》第6期，第135—144页。

[38] 沈艺峰、李培功（2010），《政府限薪令与国有企业高管薪酬、业绩和运气关系的研究》，《中国工业经济》第11期，第130—139页。

[39] 唐清泉、罗党论、王莉（2005）：《大股东的隧道挖掘与制衡力量——来自中国市场的经验证据》，《中国会计评论》第1期，第63—86页。

[40] 唐雪松、杜军、申惠（2010）：《独立董事监督中的动机——基于独立意见的经验证据》，《管理世界》第9期，第138—149页。

[41] 王兵（2007）：《独立董事监督了吗？——基于中国上市公司盈余质量的视角》，《金融研究》第1期，第109—121页。

[42] 王跃堂（2003）：《独立董事制度的有效性：基于自愿设立独立董事行为的初步评价》，《经济科学》第2期，第87—97页。

[43] 王跃堂、赵子夜、魏晓雁（2006）：《董事会的独立性是否影响公司绩效?》，《经济研究》第5期，第62—73页。

[44] 汪林、储小平、黄嘉欣、陈戈（2010）：《与高层领导的关系对经理人“谏言”的影响机制》，《管理世界》第5期，第108—117页。

[45] 魏刚．高级管理层激励与上市公司经营绩效［J］．经济研究，2000（3）：32 - 39.

[46] 魏刚、肖泽忠、Nick Travlos、邹宏（2007）：《独立董事背景与公司经营绩效》，《经济研究》第3期，第92—105页。

[47] 吴晓晖、娄景辉（2008）：《独立董事对传统内部治理机制影响的实证研究》，《数量经济技术经济研究》第4期，第142—152页。

[48] 杨继东、刘诚（2013）：《高管权威影响公司绩效波动吗——来自中小板上市公司的证据》，《经济理论与经济管理》，2013（8）：72 - 83。

［49］杨其静、杨继东（2008）：《董事会只是为了监督吗?》，《南开经济研究》第6期，第56—74页。

［50］杨瑞龙、聂辉华（2006）：《不完全契约理论：一个综述》，《经济研究》第2期，第104—115页。

［51］杨晓维、赵娟（2009）：《国有上市公司违规行为监管的执法选择性分析》，《制度经济学研究》第1期，第26—44页。

［52］叶康涛、祝继高、陆正飞、张然（2011）：《独立董事的独立性：基于董事会投票的证据》，《经济研究》第1期，第126—139页。

［53］叶康涛、陆正飞、张志华（2007）：《独立董事能否抑制大股东的"掏空"?》，《经济研究》第4期，第101—111页。

［54］伊志宏、于上尧、姜付秀（2011）：《忙碌的董事会：敬业还是低效?》，《财贸经济》，第12期，第46—54页。

［55］游家兴、徐盼盼、陈淑敏（2010）：《政治关联、职位壕沟与高管变更——来自中国财务困境上市公司的经验证据》，《金融研究》第4期，第128—143页。

［56］余怒涛、沈中华、黄登仕（2010）：《公司规模门槛效应下的董事会独立性与公司价值的关系》，《数理统计与管理》第5期，第871—882页。

［57］余玮（2011）：《我国董事的专业性与政府背景分析》，《华东经济管理》第5期，第110—114页。

［58］袁萍、刘士余、高峰（2006）：《关于中国上市公司董事会、监事会与公司业绩的研究》，《金融研究》第6期，第23—32页。

［59］张俊生、曾亚敏（2010）：《独立董事辞职行为的信息含量》，《金融研究》第8期，第155—170页。

［60］郑志刚、吕秀华（2009）：《董事会独立性的交互效应和中国资本市场独立董事制度政策效果的评估》，《管理世界》第7期，第133—144页。

［61］支晓强、童盼（2005）：《盈余管理、控制权转移与独立董事变更——兼论独立董事治理作用的发挥》，《管理世界》第11期，第137—144页。

［62］周良、陈共荣（2011）：《独立董事背景特征对其薪酬的影响研究》，《求索》第3期，49—50页。

［63］朱茶芬（2006）：《发送信号还是讨好政府：关于独立董事聘请动机的经验研究》，《世界经济》第12期，第81—89页。

［64］朱红军（2004）：《高级管理人员更换与经营业绩》，《经济科学》第4期，第82—92页。

［65］Adams, R., Almeida, H. and Ferreira, D., "Powerful CEOs and Their Impact on Corporate Performance." Review of Financial Studies, 2005, 18, pp. 1403 - 1432.

［66］Adams, Renée B. and Daniel Ferreira. "A Theory of Friendly Boards." Journal of Finance,

2007, 62 (6), pp. 217 – 250.

[67] Adams, Renée B. ; Hermalin, Benjamin E. and Weisbach Michael S. , "The Role of Boards of Directors in Corporate Governance: A Conceptual Framework and Survey. " Journal of Economic Literature, 2010, 48 (1), pp. 58 – 107.

[68] Akerlof George A. , "The Market for " Lemons" : Quality Uncertainty and the Market Mechanism", The Quarterly Journal of Economics, 1970, 84 (3), pp. 488 – 500.

[69] Akerlof, George A. , "Labor Contracts as Partial Gift Exchange", Quarterly Journal of Economics, 1982 , 97 (4), pp. 543 – 569.

[70] Akerlof, George A. and Rachel E. Kranton. "Economics and Identity", Quarterly Journal of Economics, 2000, 105 (3), pp. 715 – 753.

[71] Akerlof, George A. and Rachel E. Kranton. "Identity and the Economics of Organizations", Journal of Economic Perspectives, 2005, 19 (1), pp. 9 – 32.

[72] Aghion, P. and Tirole, J. , "Formal and Real Authority in Organizations", Journal of Political Economy, 1997, 105, pp. 1 – 29.

[73] Agrawal, A. , and Knoeber, C. , "Firm Performance and Mechanisms to Control Agency Problems Between Managers and Shareholders", Journal of Financial and Quantitative Analysis, 1996, 31, pp. 377 – 397.

[74] Agrawal Anup and Charles R. Knoeber. "Do Some Outside Directors Play a Political Role?", Journal of Law and Economics, 2001, 44 (1), pp. 179 – 198.

[75] Alchian Armen A. and Demsetz Harold. "Production, Information Costs, and Economic Organization", The American Economic Review, 1972, 62 (5), pp. 777 – 795.

[76] Almazan, Andres and Javier Suarez. "Entrenchment and Severance Pay in Optimal Governance Structures", The Journal of Finance, 2003, 58 (2), pp. 519 – 547.

[77] Amihud, Y. and Lev, B. , "Risk Reduction as a Managerial Motive for Conglomerate Mergers. " Bell Journal of Economics, 1981, 12, pp. 605 – 617.

[78] Andergassen R. Board of Director Collusion, Managerial Incentives and Firm Values [J] . Quaderni DSE Working Papers, 2011.

[79] Arellano Manuel, and Bover Olympia. "Another Look at the Instrumental Variable Estimation of Error – components Models. " Journal of Econometrics, 1995, 68 (1), pp. 29 – 51.

[80] Arthur, N. , "Board Composition as the Outcome of an Internal Bargaining Process: Empirical Evidence", Journal of Corporate Finance, 2001, 7, pp. 307 – 340.

[81] Avery Christopher; Chevalier Judith A. and Schaefer Scott. "Why Do Managers Undertake Acquisitions? An Analysis of Internal and External Rewards for Acquisitiveness. " Journal of Law, Economics and Organization, 1998, 14 (1), pp. 24 – 43.

[82] Bae Kee – Hong, Jae – Seung Baek, Jun – Koo Kang, and Wei – Lin Liu. "Do Controlling

Shareholders' Expropriation Incentives Imply a Link Between Corporate Governance and Firm Value? Theory and evidence. " Journal of Financial Economics, 2012, 105, pp. 412 – 435.

[83] Bainbridge Stephen M., "Director Primacy and Shareholder Disempowerment", Harvard Law Review, 2006, 119 (6), pp. 1735 – 1758.

[84] Baker George, Gibbons Robert, Murphy Kevin J., "Relational Contracts and the Theory of the Firm", The Quarterly Journal of Economics, 2002, 117 (1), pp. 39 – 84.

[85] Banerjee A, Chandrasekhar A G, Duflo E, et al. The diffusion of microfinance [J]. Science, 2013, 341 (6144): 1236498.

[86] Baranchuk, N., and P. H. Dybvig, "Consensus in Diverse Corporate Boards", Review of Financial Studies, 2009, 22 (2), pp. 715 – 747.

[87] Berle, Adolf A., and Means, Gardiner C. "The Modern Corporation and Private Property", New York: Macmillan Publishing Co., 1932.

[88] Bernheim B. Douglas and Michael D. Whinston. "Common Agency", Econometrica, 1986, 54, (4), pp. 923 – 942.

[89] Bertrand, M. and Mullainathan, S., "Enjoying the Quiet Life? Managerial Behavior Following Antitakeover Legislation", Journal of Political Economy, 2003, 111, pp. 1043 – 1075.

[90] Bhagat, S. and Black, B. "The Non – correlation Between Board Independence and Long Term Firm Performance. " Journal of Corporation Law, 2001, 27, pp. 231 – 274.

[91] Bhagat Sanjai and Bernard Black. "Board Independence and Long – term Firm Performance. " working paper, University of Colorado, 2000.

[92] Blundell Richard, and Bond Stephen. "Initial Conditions and Moment Restrictions in Dynamic Panel Data Models. " Journal of Econometrics, 1998, 87 (1), pp. 115 – 143.

[93] Bollerslev, Tim. "Generalized Autoregressive Conditional Heteroskedasticity. " Journal of Econometrics, 1986, 31, pp. 307 – 327.

[94] Bolton P, Brunnermeier M K, Veldkamp L. Leadership, coordination, and corporate culture [J]. The Review of Economic Studies, 2013, 80 (2): 512 – 537.

[95] Boone Audra L., Laura Casares Field, Jonathan M. Karpoff, Charu G. Raheja, "The Determinants of Corporate Board Size and Composition: An Empirical Analysis", Journal of Financial Economics, 2007, 85, pp. 66 – 101.

[96] Booth, J. and Deli, D. "On Executives of Financial Institutions As Outside Directors. " Journal of Corporate Finance, 1999, 5, pp. 227 – 250.

[97] Bourjade S, Germain L. Collusion in Board of Directors [J]. MPRA Paper, 2012.

[98] Brickley James A., "Empirical Research on CEO Turnover and Firm – performance: a Discussion", Journal of Accounting and Economics, 2003, 36, pp. 227 – 233.

[99] Bull Clive. "The Existence of Self – Enforcing Implicit Contracts", The Quarterly Journal of

Economics, 1987, 102 (1), pp. 147 - 160.

[100] Burch, Regina F. (2008) "The Myth of the Unbiased Director," *Akron Law Review*: Vol. 41: Iss. 2, Article 4.

[101] Campbell, John Y., Martin Lettau, Burton G. Malkiel, and Yexiao Xu. "Have Individual Stocks Become More Volatile? An Empirical Exploration of Idiosyncratic Risk." Journal of Finance, 2001, 56, pp. 1 - 43.

[102] Cao Qing, Maruping Likoebe M. and Takeuchi Riki, "Disentangling the Effects of CEO Turnover and Succession on Organizational Capabilities: A Social Network Perspective", Organization Science, 2006, 17 (5), pp. 563 - 576.

[103] Cashman, George D., Stuart L. Gillan, and Ryan J. Whitby. "Expertise, Connections, and the Labor Market for Corporate Directors." Working Paper, 2012.

[104] Chandrasekhar Arun G. and Lewis Randall. "Econometrics of Sampled Networks", Working Paper, 2011.

[105] Chang Eric C. and Wong Sonia M. L. "Governance with Multiple Objectives: Evidence from Top Executive Turnover in China." Journal of Corporate Finance, 2009, 15, pp. 230 - 244.

[106] Cheng, Shijun. "Board Size and the Variability of Corporate Performance." Journal of Financial Economics, 2008, 87, pp. 157 - 176.

[107] Cheung Steven N. S., "The Contractual Nature of the Firm", Journal of Law and Economics, 1983, 26 (1), pp. 1 - 21.

[108] Chidambaran, N. K., Kedia Simi and Prabhala Nagpurnanand R. "CEO Director Connections and Corporate Fraud." Fordham University Schools of Business Research Paper No. 1787500, 2011.

[109] Claessens, S., Djankov, S., Lang, L., 2000. "The Separation of Ownership and Control in East Asian Corporations". Journal of Financial Economics, 58, pp. 81 - 112.

[110] Cohen, Lauren, Andrea Frazzini, and Christopher Malloy. "Sell Side School Ties", Journal of Finance, 2010, 65, pp. 1409 - 1437.

[111] Cohen, Lauren, Andrea Frazzini, and Christopher Malloy, "The Small World of Investing: Board Connections and Mutual Fund Returns", Journal of Political Economy, 2008, 116, pp. 951 - 979.

[112] Coles J L, Daniel N D, Naveen L. Co - opted boards [J]. Review of Financial Studies, 2014, 27 (6): 1751 - 1796.

[113] Comin Diego and Philippon Thomas. "The Rise in Firm - Level Volatility: Causes and Consequences." NBER Macroeconomics Annual, 2005, 20, pp. 167 - 201.

[114] Crawford, V. and Sobel, J., "Strategic Information Transmission", Econometrica, 1982,

50, pp. 1431 – 1452.

[115] Dallas Lynne L. , "The Relational Board: Three Theories of Corporate Boards of Directors", The Journal of Corporation Law, 1996, 22 (1), pp. 1 – 25.

[116] Dallas Lynne L. "The Multiple Roles of Corporate Boards of Directors", San Diego Law Review, 2003, 40 (3), pp. 781 – 820.

[117] Davis, J. H. ; F. D. Schoorman; L. Donaldson. Toward a Stewardship Theory of Management. Academy of Management Review, 1997, 22 (1), pp. 20 – 47.

[118] Dessein Wouter, "Authority and Communication in Organizations", The Review of Economic Studies, 2002, Vol. 69, No. 4, pp. 811 – 838.

[119] Denzau, A. T. and D. C. North, "Shared Mentel Models: Ideologies and Institutions", Kyklos, 1994, (47), pp. 3 – 30.

[120] Dominguez – Martinez Silvia, Otto H. Swank and Bauke Visser, "In Defense of Boards", Journal of Economics & Management Strategy, 2008, 17 (3), 667 – 682.

[121] Drakos A. A. and Bekiris F. V. , "Endogeneity and the Relationship Between Board Structure and Firm Performance: A Simultaneous Equation Analysis for the Athens Stock Exchange", Managerial and Decision Economics, 2010, 31, pp. 387 – 401.

[122] Duchin Ran, John G. Matsusaka, and Oguzhan Ozbas, "When are outside directors effective?", Journal of Financial Economics, 2010, 96, pp. 95 – 214.

[123] Eisenberg Melvin Aron. "Legal Models of Management Structure in the Mode n Corporation: Officers, Directors, and Accountants", California Law Review, 1975, 63 (2), pp. 375 – 439.

[124] Ekeh, Peter P. , "Social Exchange Theory: The Two Traditions. Cambridge, MA: Harvard University Press, 1974.

[125] Engle, Robert F. "Autoregressive Conditional Heteroscedasticity with Estimates of Variance of United Kingdom Inflation. " Econometrica, 1982, 50, pp. 987 – 1008.

[126] Engelberg Joseph, Gao Pengjie, and Parsons Christopher A. , "Friends with Money", Journal of Financial Economics, 2012, 103, pp. 169 – 188.

[127] Falk, A. , "Gift – Exchange in the Field", Econometrica, 2007, 75 (5), pp. 1501 – 1511.

[128] Fama, E. , "Agency Problems and the Theory of the Firm", Journal of Political Economy, 1980, 88, pp. 288 – 307.

[129] Fama, E. and Jensen, M. "Separation of Ownership and Control. " Journal of Law and Economics, 1983, 26, pp. 301 – 325.

[130] Fan, J. , Wong, T. J. , Zhang, T. , "Politically Connected CEOs, Corporate Governance and Post – IPO Performance of China's Newly Partially Privatized Firms. " Journal of Finan-

cial Economics, 2007, 84, pp. 265 - 590.

[131] Faure - Grimaud, Antoine, Laffont, Jean - Jacques and Martimort, David, "Transaction Costs of Collusion and Organizational Design", USC CLEO Research Paper, No. C01 - 17, 2001.

[132] Fernandez - Ruiz J. Managerial Delegation in a Mixed Duopoly with a Foreign Competitor [J]. Economics Bulletin, 2009, 29 (1): 90 - 99.

[133] Fershtman C, Judd K. L. Equilibrium Incentives in Oligopoly [J]. American Economic Review, 1987, 77: 927 - 940.

[134] Fich, E., "Are Some Outside Directors Better Than Others? Evidence from Director Appointments from Fortune 1000 Firms", Journal of Business, 2005, 78, pp. 1943 - 1971.

[135] Fich E., and Shivdasani A., "Are Busy Boards Effective Monitors?", Journal of Finance, 2006, 61, pp. 689 - 724.

[136] Field Laura Casares, Michelle Lowry, and Anahit Mkrtchy. "Are Busy Boards Detrimental?", Journal of Financial Economics, 2013, 109 (1): 63 - 82.

[137] Finkelstein, S., and Hambrick D. C. "Top Executives and Their Effects on Organizations." Eagan, Minnesota: West Publishing Company, 1996.

[138] Fracassi, Cesare and Tate, Geoffrey A. "External Networking and Internal Firm Governance." Journal of Finance, 2012, 67 (1), pp. 153 - 193.

[139] Fracassi, Cesare (2008), "Corporate Finance Policies and Social Networks", Working Paper.

[140] Gaver, J. and Gaver, K. "Additional Evidence on the Association Between the Investment Opportunity Set and Corporate Financing, Dividend, and Compensation Policies." Journal of Financial Economics, 1993, 16, pp. 125 - 160.

[141] Giannetti M.; Liao G. and Yu X. "The Brain Gain of Corporate Boards: A Natural Experiment from China", Working Paper, 2011.

[142] Gillette, A. B., T. H. Noe, and M. J. Rebello. ''Corporate Board Composition, Protocols, and Voting Behavior: Experimental Evidence." The Journal of Finance, 2003, 58, pp. 1997 - 2032.

[143] Gompers Paul, Joy Ishii, Andrew Metrick., "Corporate Governance and Equity Prices", The Quarterly Journal of Economics, 2003, 118 (1), pp. 107 - 155.

[144] Graham, J. R., and K. Narasimhan, "Corporate Survival and Managerial Experiences During the Great Depression", AFA 2005 Philadelphia Meetings, 2004.

[145] Granovetter Mark. "Economic Action and Social Structure: The Problem of Embeddedness." The American Journal of Sociology, 1985, 91 (3), pp. 481 - 510.

[146] Grossman S. and Hart O., "The Costs and Benefits of Ownership: A Theory of Vertical and

Lateral Integration", Journal of Political Economy, 1986, 94 (4), pp. 691 – 719.

[147] Guner, A. Burak, Ulrike Malmendier, and Geoffrey Tate, "Financial Expertise of Directors", Journal of Financial Economics, 2008, 88, 323 – 354.

[148] Hall B. J, Liebman J. B. Are CEOs Really Paid like Bureaucrats? [J] . Quarterly Journal of Economics, 1998, 113 (3): 653 – 691.

[149] Haniffa, R. M. and T. E. Cooke. "The Impact of Culture and Governance on Corporate Social Reporting", Journal of Accounting and Public Policy, 2005, 24 (5), pp. 391 – 430.

[150] Hart, O. and J. Moore, "Property Rights and Nature of the Firm", Journal of Political Economy, 1990, 98 (6), pp. 1119 – 1158.

[151] Hart, Oliver, and Holmstrom, Bengt. "The Theory of Contract in T. Bewley ed., Advanced in Economic Theory", Cambridge University Press, 1987.

[152] Harris Milton and Raviv Artur. "A Theory of Board Control and Size." The Review of Financial Studies, 2008, 21 (4), pp. 1797 – 1832.

[153] Hermalin, Benjamin E., and Michael S. Weisbach. "Boards of Directors as an Endogenously Determined Institution: A Survey of the Economic Literature." Federal Reserve Bank of New York Economic Policy Review, 2003, 9 (1), pp. 7 – 26.

[154] Hermalin, Benjamin E., and Michael S. Weisbach. "Endogenously Chosen Boards of Directors and Their Monitoring of the CEO." American Economic Review, 1998, 88 (1), pp. 96 – 118.

[155] Hermalin, Benjamin E. and Weisbach Michael S. "The Determinants of Board Composition." RAND Journal of Economics, 1988, 19 (4), pp. 589 – 606.

[156] Hermalin, Benjamin, and Michael Weisbach. "The effects of board composition and direct incentives on firm performance." Financial Management, 1991, 20, pp. 101 – 112.

[157] Hillman, A. J.; Dalziel, T. Boards of Directors and Firm Performance: Integrating Agency and Resource Dependence Perspectives. Academy of Management Review, 2003, 28 (3), pp. 383 – 396.

[158] Hirshleifer, David A. and Teoh, Siew Hong, "Thought and Behavior Contagion in Capital Markets", 2008, in: Hens, T., and Schenk – Hoppe, K. R. (Eds.), Handbook of Financial Markets: Dynamics and Evolution. Elsevier, Amsterdam, 2009.

[159] Hochberg Y. V, Ljungqvist A, Lu Y. Networking as a Barrier to Entry and the Competitive Supply of Venture Capital [J] . The Journal of Finance, 2010, 65 (3): 829 – 859.

[160] Hochberg, Yael, Alexander Ljungqvist, and Yang Lu. "Whom you know matters: Venture capital networks and investment performance", Journal of Finance, 2007, 62, pp. 251 – 301.

[161] Hoitash Udi. "Should Independent Board Members with Social Ties to Management Disqualify Themselves from Serving on the Board?" Journal of Business Ethics, 2011, 99, pp. 399 -423.

[162] Holmstrom, Bengt, "Moral Hazard and Observability", The Bell Journal of Economics, 1979, 10 (1), pp. 74 -91.

[163] Holmstrom Bengt, "Moral Hazard in Teams", The Bell Journal of Economics, 1982, 13 (2), pp. 324 -340.

[164] Holmstrom, Bengt and Milgrom, Paul. "Multi - task Principal - Agent Analyses: Incentive Contract, Asset Ownership and Job Design", Journal of Law, Economics and Organization, 1991, 7, pp. 24 -52.

[165] Hurwitz, L., "The Design of Mechanisms for Resource Allocation", American Economic Review, 1973, 63, pp. 1 -30.

[166] Huson, M., R. Parrino, and L. Starks, "Internal Monitoring Mechanisms and CEO Turnover: A Long Term Perspective", Journal of Finance, 2001, 56, pp. 2265 -2297.

[167] Hwang Byoung - Hyoun and Kim Seoyoung. "It Pays to Have Friends." Journal of Financial Economics, 2009, 93, pp. 138 -158.

[168] Hwang Byoung - Hyoun and Seoyoung Kim. "Social Ties and Earnings Management", Working Paper, 2012.

[169] Jensen M. C, Murphy K. J. Performance Pay and Top - Management Incentives [J]. Journal of Political Economy, 1990, 98: 225 -264.

[170] Jensen, M. C., The Modern Industrial Revolution: Exit, and Failure of Internal Control Systems", Journal of Financial Economics, 1993, 48, pp. 831 -879.

[171] Jensen M. C. and Meckling William H., "Theory of the Firm: Managerial Behavior, Agency Costs and Ownership Structure", Journal of Financial Economics, 1976, 3 (4), 304 -360.

[172] Jensen, M. C. and Meckling, W. H. "The Nature of Man", Journal of Applied Corporate Finance, 1994, 7 (2), pp. 4 -19.

[173] Jenter D, Kanaan F. CEO turnover and relative performance evaluation [J]. The Journal of Finance, 2015, 70 (5): 2155 -2184.

[174] Johnson, R. and Greening, D., "The Effects of Corporate Governance and Institutional Ownership on Corporate Social Performance", Academy of Management Journal, 1999, 42, pp. 564 -580.

[175] Johnson, S., La Porta, R., Lopez - de - Silanes, F., Shleifer, A., "Tunneling." American Economic Review, 2000, 90, pp. 22 -27.

[176] Kang Shinwoo, Kim E. Han, and Lu Yao. "The Limited Role of the Board of Directors",

Working Paper, 2012.

[177] Kaplan Steven N., and Minton Bernadette A. "How Has CEO Turnover Changed?", International Review of Finance, 2012, 12 (1), pp. 57-87.

[178] Kato Takao, and Long Cheryl. "CEO Turnover, Firm Performance, and Enterprise Reform in China: Evidence From Micro Data", Journal of Comparative Economics, 2006, 34, pp. 796-817.

[179] Kim, E. Han and Lu, Yao. "The Independent Board Requirement and Executive Suites." SSRN Working Paper, 2011.

[180] Knyazeva Anzhela, Diana Knyazeva, and Ronald Masulis, "Effects of Local Director Markets on Corporate Boards", Working Paper, 2011.

[181] Kramarz F, Thesmar D. Social networks in the boardroom [J]. Journal of the European Economic Association, 2013, 11 (4): 780-807.

[182] Kuhnen, Camelia. "Business Networks, Corporate Governance and Contracting in the Mutual Fund Industry", Journal of Finance, 2009, 64, pp. 2185-2220.

[183] Laffont, J.-J. and Martimort, D., "The Theory of Incentives I: The Principle-Agent Model", New Jersey: Princeton University Press, 2002.

[184] Lages Carmen, Lages Cristiana Raquel, and Lages Luis Filipe, "The Relqual Scale: a Measure of Relationship Quality in Export Market Ventures", Journal of Business Research, 2005, 58, pp. 1040-1048.

[185] Landier, A., Sraer, D. and Thesmar, D., "Bottom-Up Corporate Governance", AFA 2006 Boston Meetings Paper, 2005.

[186] La Porta, R., Lopez-de-Silanes, F., Shleifer, A., Vishny, R., The Quality of Government." Journal of Law, Economics and Organization, 1999, 15, pp. 222-279.

[187] Lee, Samuel and Persson, Petra, "Authority Versus Loyalty: Social Incentives and Governance", NYU Working Paper, No. FIN-10-001, 2011.

[188] Levin Jonathan, "Relational Incentive Contracts", The American Economic Review, 2003, 93 (3), pp. 835-857.

[189] Levit Doron and Nadya Malenko, "Nonbinding Voting for Shareholder Proposals", The Journal of Finance, 2011, 66 (5), pp. 1579-1614.

[190] Linck James S.; Netter Jeffry M. and Yang Tina. "The Determinants of Board Structure." Journal of Financial Economics, 2008, 87, pp. 308-328.

[191] Lin N, Ensel W. M, Vaushn J. C. Social Resources and Strength of Ties: Structural Factors in Occupational Status Attainment [J]. American Sociological Review, 1981, 46 (4): 395-405.

[192] Liu Yun. "The Impact of Networks on CEO Turnover, Appointment, and Compensation."

SSRN Working Paper, 2010.

[193] Mace, M. L. , Directors: Myth and Reality, Boston: Harvard University Press, 1971.

[194] Macneil, Ian R. , "The Many Futures of Contracts. " Southern California Law Review, 1973, 47, pp. 691 -816.

[195] Mallin Christine A. and Michelon Giovanna, "Board Reputation Attributes and Corporate Social Performance: an Empirical Investigation of the US Best Corporate Citizens", Accounting and Business Research, 2011, 41 (2), pp. 119 -144.

[196] Mantzavinos C. , North D. and S. Shariq, "Learning, Institutions, and Economic", Performance, Perspectives on Politics, 2004, 2 (1), pp. 75 -84.

[197] Marsden, P. , "Core Discussion Networks of Americans", American Sociological Review, 1987, 52, pp. 122 -131.

[198] Maskin, E. "Nash Equilibrium and Welfare Optimality", Mathematics & Operations Research, 1977, Forthcoming.

[199] Mayew, William and Mohan, Venkatachalam , "The Power of Voice: Managerial Affective States and Future Firm Performance", 2012, The Journal of Finance, 2012, 67 (1), pp. 1 -44.

[200] McLean, R. David, Tianyu Zhang, and Mengxin Zhao. "Why Does the Law Matter? Investor Protection and Its Effects on Investment, Finance, and Growth", Journal of Finance, 2012, 67 (1), pp. 313 -350.

[201] McPherson, M. , Smith - Lovin, L. and Cook, J. , "Birds of a Feather: Homophily in Social Networks", Annual Review of Sociology, 2001, 27, pp. 415 -444.

[202] Mizruchi Mark S. , "What Do Interlocks Do? An Analysis, Critique, and Assessment of Research on Interlocking Directorates", Annual Review of Sociology, 1996, 22, pp. 271 - 298.

[203] Morse, Adair, Vikram Nanda and Amit Seru. "Are Incentive Contracts Rigged by Powerful CEOs?", Journal of Finance, 2011, 66, pp. 1779 - 1821.

[204] Nguyen Bang Dang and Nielsen Kasper Meisner. "The Value of Independent Directors: Evidence From Sudden Deaths. " Journal of Financial Economics, 2010, 98, pp. 550 -567.

[205] Nguyen Bang Dang. "Does the Rolodex Matter? Corporate Elite's Small World and the Effectiveness of Boards of Directors. " EFA 2006 Zurich Meetings Paper, 2011.

[206] O'Regan Katherine and Sharon M. Oster, "Does the Structure and Composition of the Board Matter? The Case of Nonprofit Organizations", The Journal of Law, Economics, & Organization, 2009, 21 (1), pp. 205 -227.

[207] Ozbas Oguzhan, "Integration, Organizational Processes, and Allocation of Resources", Journal of Financial Economics, 2005, 75 (1), pp. 201 -242.

[208] Ozsoylev Han N. , and Walden Johan, "Asset Pricing in Large Information Networks", Journal of Economic Theory, 2011, 146, pp. 2252 - 2280.

[209] Pareto, V. , "Compendium of General Sociology", Abridged in Italian by Giulio Farina, 1920 , from Trattato di Sociologia Generale. Elisabeth Abbott, Trans. Minneapolis, Minn. : University of Minnesota Press, 1980.

[210] Polanyi, K. , "The Great Transformation", New York: Farra, 1944.

[211] Putnam, R. , "Bowling Alone: America's Declining Social Capital", Journal of Democracy, 1995, 6, pp. 65 - 78.

[212] Rabin, M. , "Incorporating Fairness into Game Theory and Economics", American Economic Review, 1993, 83 (5), pp. 1281 - 1302.

[213] Raheja, Charu G. "Determinants of Board Size and Composition: A Theory of Corporate Boards." Journal of Financial and Quantitative Analysis, 2005, 40 (2), pp. 283 - 306.

[214] Renneboog, L. "Ownership, Managerial Control and the Governance of Companies Listed on the Brussels Stock Exchange", Journal of Bank ing and Finance, 2000, 24, pp. 1959 - 1995.

[215] Renneboog L, Zhao Y. US Knows Us in the UK: On Director Networks and CEO Compensation [J] . Journal of Corporate Finance, 2011, 17 (4): 1132 - 1157.

[216] Rosenstein, S. , and J. Wyatt. "Outside Directors, Board Independence, and Shareholder Wealth." Journal of Financial Economics, 1990, 26, pp. 175 - 191.

[217] Rosenbaum, P. , D. Rubin, "The Central Role of the Propensity Score in Observational Studies for Causal Effects", Biometrika, 1983, 70 (1), pp. 41 - 55.

[218] Sah, R. K. , and J. Stiglitz. "The Architecture of Economic Systems: Hierarchies and Polyarchies." American Economic Review, 1986, 76, pp. 716 - 727.

[219] Schmidt B. Costs and benefits of friendly boards during mergers and acquisitions [J] . Journal of Financial Economics, 2015, 117 (2): 424 - 447.

[220] Schwartz - Ziv M, Weisbach M. What do Boards Really Do? Evidence From Minutes of Board Meetings [J] . Journal of Financial Economics, 2013, 108 (2): 349 - 366.

[221] Shao Han, "Board Social Connections and their Corporate Governance Effect: A Comparison of US and Foreign Firms Listed in the US", Working Paper, 2011.

[222] Shivdasani, A. , and D. Yermack, "CEO Involvement in the Selection of New Board Members: An Empirical Analysis", Journal of Finance, 1999, 54, pp. 1829 - 1853.

[223] Shleifer, A. , Vishny, R. , "Politicians and Firms", Quarterly Journal of Economics, 1994, 109, pp. 995 - 1025.

[224] Shleifer, A. , Vishny, R. , "Large Shareholders and Corporate Control." Journal of Political Economy, 1986, 94, pp. 461 - 488.

[225] Shivdasani, A. , and D. Yermack. "CEO Involvement in the Selection of New Board Members: An Empirical Analysis." Journal of Finance, 1999, 54, pp. 1829 - 1853.

[226] Smith C. and Watts R. "The Investment Opportunity Set and Corporate Financing, Dividend, and Compensation Policies." Journal of Financial Economics, 1992, 32, pp. 263 - 292.

[227] Song, Fenghua and Anjan V. Thakor, "Information Control, Career Concerns, and Corporate Governance", The Journal of Finance, 2006, 61 (4), pp. 1845 - 1896.

[228] Spector D. Facilitating Collusion by Exchanging Non - verifiable Sales Reports [J]. Pse Working Papers, 2015.

[229] Steen Eric Van den. "Organizational Beliefs and Managerial Vision." The Journal of Law, Economics, & Organization, 2005, 21 (1), pp. 256 - 283.

[230] Stevenson William B. and Radin Robert F. "Social Capital and Social Influence on the Board of Directors." Journal of Management Studies, 2009, 46 (1), pp. 16 - 44.

[231] Taylor Lucian A. , "Why Are CEOs Rarely Fired? Evidence from Structural Estimation", The Journal of Finance, 2010, 65 (6), pp. 2051 - 2087.

[232] Tirole, Jean, "Corporate Governance", Econometrica, 2001, 69, pp. 1 - 35.

[233] Tirole, Jean, "Hierarchies and Bureaucracies: On the Role of Collusion in Organizations", Journal of Law, Economics, and Organization, 1986, 2 (2), pp. 181 - 214.

[234] Uzzi, B. "The Sources and Consequences of Embeddedness For the Economic Performance of Organizations: the Network Effect." American Sociological Review, 1996, 61, pp. 674 - 699.

[235] Vickers J. Delegation and the Theory of the Firm [J]. Economic Journal, 1985, 95: 138 - 147.

[236] Volpin Paolo F. , "Governance with Poor Investor Protection: Evidence From Top Executive Turnover in Italy", Journal of Financial Economics, 2002, 64, pp. 61 - 90.

[237] Wang, J. , and Dewhirst, H. D. , "Boards of Directors and Stakeholder Orientation." Journal of Business Ethics, 1992, 11, pp. 115 - 123.

[238] Weisbach Michael S. "Outside Directors and CEO Turnover." Journal of Financial Economics, 1988, 20, pp. 431 - 460.

[239] Wellman, B. , Chen, W. , and Dong, W. , "Networking guanxi", 2002. In: Gold, T. , Guthrie, D. , Wank, D. (Eds.), Social Connections in China: Institutions, Culture, and the Changing Nature of Guanxi. Cambridge University Press, New York.

[240] Westphal James D. and Khanna Poonam. "Keeping Directors in Line: Social Distancing as a Control Mechanism in the Corporate Elite", Administrative Science Quarterly, 2003, 48 (3), pp. 361 - 398.

[241] Westphal James D. "Collaboration in the Boardroom: Behavioral and Performance Consequences of CEO – Board Social Ties." The Academy of Management Journal, 1999, 42 (1), pp. 7 – 24.

[242] Westphal James D. ; Boivie Steven and Chng Daniel Han Ming. "The Strategic Impetus For Social Network Ties: Reconstituting Broken CEO Friendship Ties." Strategic Management Journal, 2006, 27 (5), pp. 425 – 445.

[243] Westphal James D. and Edward J. Zajac, "Defections from the Inner Circle: Social Exchange, Reciprocity, and the Diffusion of Board Independence in U. S. Corporations", Administrative Science Quarterly, 1997, 42 (1), pp. 161 – 183.

[244] Williamson Oliver E. , "The Economic Institute of Capitalism", New York : Free Press, 1985.

[245] Williamson Oliver E. , "Hierarchical Control and Optimum Firm Size", The Journal of Political Economy, 1967, 75 (2), pp. 123 – 138.

[246] Williamson Oliver E. , "Transaction – Cost Economics: The Governance of Contractual Relations", Journal of Law and Economics, 1979, 22 (2), pp. 233 – 261.

[247] Yermack, D. , "Higher Market Valuation of Companies with a Small Board of Directors", Journal of Financial Economics, 1996, 40, 185 – 212.

[248] Zajac Edward J. and Westphal James D. "Director Reputation, CEO – Board Power, and the Dynamics of Board Interlocks." Administrative Science Quarterly, 1996, 41 (3), pp. 507 – 529.

[249] Zahra, S. A. and W. W. Stanton. "The Implications of Board of Directors Composition for Corporate Strategy and Performance", International Journal of Management, 1988, 5, pp. 229 – 236.

[250] Zukin S. and DiMaggio P. , "Structures of Capital The Social Organization of the Economy", New York: Cambridge University Press, 1990.

后　记

本书系由我2013年在中国人民大学经济学院完成的博士论文改编而成。

首先感谢我的导师杨瑞龙教授，他为我开启了全新的学术研究之门，给我指点了正确的理论剖析之路，助我拓展了自由的学术空间。本书写作过程，从选题、开题、架构、资料搜集，到具体写作、修改以及定稿，都始终得到了杨老师的真诚鼓励、悉心指导和热情帮助。三年中杨老师不仅仅教给我严谨的治学风格、勤恳的工作态度，更重要的是他那对学生无私的关怀，对他人宽容的胸襟，必将成为我未来人生道路的指南针。同时，感谢师母姚卫平老师，她像母亲般的关怀和问候让我枯燥的学习多了一些温暖。

感谢杨继东副教授，亦师亦友，不断鼓励我坚持和努力向前。感谢杨其静教授对本书理论模型构造的学术指导。感谢聂辉华教授，他关心着师弟师妹的学习进展，并引领我们的研讨会保持在前沿水平上。感谢人民大学经济学院契约与组织理论研讨会的参加者，我的师兄师姐，师弟师妹们，与他（她）们的交流和讨论让我获益匪浅，正是一次又一次的讨论，不断激励着我关注学术研究的前沿。

也感谢曾经帮助过我的其他老师。正是他们的帮助，对我的学习和成长给予莫大的支持。尤其要感谢刘玉副教授、叶光亮教授、李军林教授等，感激之情，难于言表。同时感谢潘啸松、左聪颖、王娜、朱信永、张亦平等同学的相互扶持和友谊。

感谢我的领导和同事们。特别感谢中国社会科学院财经战略研究院的何德旭院长、夏杰长副院长和钟春平教授在工作、生活等全面给予我指引，让我少走了很多弯路，他们是我学习的榜样。

感谢当代中国出版社总编辑曹宏举、编辑王延新，他们为本书的出版提供了莫大的支持，付出了很多辛劳。

刘　诚
2016年12月于中冶大厦1215